edition suhrkamp 2559

Ob New York, Rom, Wien oder Ankara – immer wenn José Manuel Prieto von einem Taxifahrer gefragt wird, woher er denn sei, und sich als Kubaner zu erkennen gibt, hört er ein begeistertes: »Ah, Fidel Castro!« Wie kommt es zu diesem vital strahlenden Bild der kubanischen Revolution und Fidel Castros in seiner Mitte? Hat die Wirklichkeit nicht längst alles Triumphale abgeschabt? In sehr persönlichen, nicht eifernden, eher schmerzvollen kleinen Schritten rekapituliert Prieto Momente der Kindheit, als Politik keine Sache des Urteils war, sichtet die öffentlichen und die intimeren Aspekte Kubas seit der Revolution und schaut, wie Bild und Wirklichkeit zusammenstimmen oder auseinanderklaffen. Dabei meißelt er nicht Eindeutigkeiten heraus, sondern schildert die Dinge unausweichlich komplex und ambivalent – ebendadurch entsteht eine Klarheit jenseits der Wunsch- und Zerrbilder.

José Manuel Prieto, 1962 in Havanna geboren und selbst Kind der Revolution, ist der wohl originärste jüngere Schriftsteller Lateinamerikas. Er lebte zwölf Jahre als Ingenieur in Rußland, übersetzte Werke von Anna Achmatowa und Joseph Brodsky ins Spanische. Er unterrichtete russische Geschichte in Mexiko-Stadt und lebt seit einigen Jahren in New York. International hervorgetreten ist er mit seinen Romanen *Liwadija* und *Rex*.

José Manuel Prieto

Die kubanische Revolution und wie erkläre ich sie meinem Taxifahrer

Aus dem Spanischen von
Susanne Lange

Suhrkamp

Originaltitel: *La revolución cubana explicada a los taxistas*

edition suhrkamp 2559
Erste Auflage 2008

Deutsche Erstausgabe

Satz: Jung Crossmedia Publishing, Lahnau
Druck: Druckhaus Nomos, Sinzheim
Umschlag gestaltet nach einem Konzept
von Willy Fleckhaus: Rolf Staudt
Printed in Germany
ISBN 978-3-518-12559-5

1 2 3 4 5 6 – 13 12 11 10 09 08

Die kubanische Revolution
und wie erkläre ich sie
meinem Taxifahrer

Taxifahrten

Ein Tag vor zehn Jahren. Auf meiner zweiten oder dritten Amerikareise war ich gerade in New York eingetroffen, ließ die Kälte draußen auf mich wirken, die Reihe der wartenden Taxis, die Landschaft, die mir die Vereinigten Staaten zeigte: ein Land, mit dem sich das meine im Krieg befand, mein ganzes Leben lang schon. So war es mir zumindest all die Jahre über eingeschärft worden. Der Taxifahrer, ein Inder oder Pakistani, sah aus, als wäre mit ihm nicht zu spaßen, und während einer langen Minute rang ich mit ihm, setzte zweimal an, um ihm die Adresse verständlich zu machen. Aber nein: er wandte mir den Oberkörper zu und verbesserte mich grob. Doch nachdem er mich eine Sekunde gemustert, sich überzeugt hatte, daß nichts ausgesprochen Böses an mir war, nur die Unbeholfenheit des Neuankömmlings, taxierte er meinen Akzent und fragte, um mich liebenswürdig zu stimmen: Aus welchem Land?

Und da geschah es, daß er auf meine Antwort rief:

»Kuba?« Und gleich darauf: »Fidel Castro!«

Wie ärgerte mich seine Art, das zu sagen, und wie er dazu mit den Fingern schnalzte, sich vor Wonne mit der Zunge über die Lippen fuhr, mich wieder im Rückspiegel ansah, sich in die Brust warf. Die kraftmeiernde Gestik, mit der man vom Dorfzampano spricht. Und mit der gleichen Heftigkeit und weil sein Englisch nicht besser als meines war, er jedoch um jeden Preis seinen Gefühlen Ausdruck geben wollte, ließ er mit einem dumpfen Knall den rechten Handteller gegen die geballte Linke klatschen. Denn

tüchtig hatte der's den Amerikanern besorgt. Und zwar »up to the ass«.
Bestimmt habe ich mich vorgebeugt, um seinen Namen auf dem Schild hinter der Glasscheibe zu lesen, denn es war eine meiner ersten New-York-Reisen, zumindest die erste, bei der ich von dieser Art Reaktion überrascht wurde, aber ich erinnere mich nicht an seinen Namen.
Dagegen erinnere ich mich sehr wohl an die Stadt, die mir in der Ferne ihre Skyline darbot, die graue Masse der Wolkenkratzer, erinnere mich, daß es Herbst war und wie sehr mich sein Verhalten erstaunte, ausgerechnet hier, in Amerika!, soviel Sympathie für die kubanische Revolution.
Wie bei dem Taxifahrer, der mich im Juli 99 von Barajas zur Puerta del Sol brachte, in Madrid, Spanien. Während wir durch die Stadt fuhren, hörten wir die Nachricht von einem schrecklichen Flugzeugabsturz, die entsetzlichen Einzelheiten des Unfalls. Schnell wechselte der Fahrer den Sender, blieb bei einem Hit jenes Sommers hängen, beobachtete mich im Rückspiegel, sah, wie ich automatisch nickte, als ich die Melodie erkannte, und fragte sofort:
»Aus deinem Land?«
»Nein, sie ist aus Mexiko«, antwortete ich, »die Sängerin ... Ich bin aus Kuba.«
Und wie auf ein Zauberwort:
»Ach, Kuba! Fidel Castro!«
Nichts Kränkendes in seiner Stimme, die reine Freude.
Damals kämpfte ich mit mir, ob ich lächeln oder ärgerlich werden sollte, wie immer voll Staunen darüber, welcher Beliebtheit sich die kubanische Revolution unter den Taxifahrern aller Länder erfreut.
In Rom hielt einmal eine Luxuslimousine neben unserem Wagen, und beide musterten wir sie, der Taxifahrer und

ich, konnten unsere Augen nicht davon wenden. Und ich sagte im Scherz: »Schöner Wagen, was? So einen würde ich mir kaufen, hätte ich genügend ... *soldi*?« *Soldi*, ja. Er nickte und grummelte so etwas in sich hinein wie: »Erst mal haben!« Als Taxifahrer niemals soviel Geld. Ich wandte mich wieder der Zeitung zu, die ich gerade überflog. Da fragte er mich (ein junger Mann mit Sonnenbrille): Aus welchem Land? Und ich dachte resigniert: Nicht schon wieder!

Damals schwieg ich, habe seitdem immer geschwiegen, in einen inneren Monolog verstrickt, den ich keinem der gutmütigen Taxifahrer je zumuten würde. Nämlich über den gewaltigen Irrtum, die erstaunliche Beliebtheit Fidel Castros und der kubanischen Revolution.

Was ich alles gern anmerken, relativieren würde. Befremdet, daß sich die Geschichte auf einen Namen reduziert. Mein Ärger, der dann doch nicht hochkam, die Verblüffung eher.

Hätte mich das im Grunde nicht freuen müssen? Wie mein Land sogleich unter allen anderen hervorstach? Sein Ge-

wicht, seine Bedeutung offenkundig, so beliebt in aller Welt. Außerdem und in erster Linie – das würde ich den Taxifahrern mit Freuden erklären – ich ebenfalls, müssen

Sie wissen: Kuba! Fidel Castro! Kein Problem damit. Nur eine etwas differenzierte Ansicht. Die ich Ihnen gern darlegen würde, in aller Breite, ließen meine Italienisch- oder Türkischkenntnisse dies zu.
Die kubanische Revolution und wie erkläre ich sie meinem Taxifahrer.
Im Wissen: jede detaillierte Erklärung ein hoffnungsloses Unterfangen. Wie viele Male bin ich daran gescheitert, schwöre mir, nie wieder, und verfalle dann doch in einen ungeschickten, langen Redeschwall, der nur dazu beiträgt, Verwirrung bei meinem Gegenüber zu stiften, das unerschütterlich in seinem Glauben verharrt, überzeugt von seiner Wahrheit. So kam ich zu dem Schluß: vielleicht eine knappe Darlegung, mit der Kraft und argumentativen Schlichtheit, wie sie der Gemeinplatz hat. Drei, vier Punkte, wirksam ins Spiel gebracht und erhellt, und wir können uns ein Bild machen, schnell und einfach. Etwa bei einem Gespräch nach Tisch oder während der halben Stunde, die die Fahrt vom Flughafen ins Stadtzentrum dauert.
Ich steige aus diesen Taxis, brumme in meiner Ohnmacht noch einen letzten Satz in mich hinein. Ein Gemurmel, das im Kern enthält, was ich dem Taxifahrer gern zu dem Thema gesagt hätte. Beileibe nicht einfach, denke ich, ein viel umfassenderes Phänomen, die Feuersbrunst, die ihren Widerschein noch immer auf jeden einzelnen Tag meines Erwachsenenlebens wirft. Hätte er verstanden? Was ich ihm hätte sagen, erläutern wollen?
Und in der Hotelbar vor dem Schlafengehen und später, oben im Zimmer, stelle ich mir vor, was ich ihm alles gesagt hätte, entwickle Argumente, ausführliche Begründungen. Umsonst, denn immer, wenn meine Mitteilungs-

freude wieder aufflammt, in Wien, in Ankara, bleibe ich am Ende doch stumm, verwirrt, weiß nicht, was sagen.
Wie oft bin ich wutentbrannt ausgestiegen, habe dem Taxifahrer das Trinkgeld vorenthalten. Aus ebendiesem Grund, und hätte ich ihm das Motiv für meinen Zorn erklärt, er wäre restlos überrascht gewesen. Denn immer beschneidet man das Bild, bleiben so viele Dinge draußen. Kuba als Land, das sich vom amerikanischen Joch befreit hat. Wer wäre nicht glücklich darüber? Wer verstünde nicht die große Sympathie, die Solidarität der ganzen Welt, wenn vorher unter dem Joch und jetzt befreit? Ein Ding der Unmöglichkeit, das begriff ich, die kubanische Revolution um ihren wohlverdienten Ruf zu bringen, und ebendaher ihre unermeßliche Beliebtheit.
Die Notwendigkeit, beim Thema, wie verhängnisvoll und schlecht die kubanische Revolution in vieler Hinsicht war,

zugleich all ihre Errungenschaften zu erwähnen, wie gut sie in anderer gewesen ist. Unmöglich, sie kategorisch abzulehnen, sie auf ganzer Linie zu verdammen, viel zu

komplex die Angelegenheit (und zu konfus). Unangemessen, sie als die finsterste, schrecklichste an die Wand zu malen, als die mörderischste, die sie nicht ist, nichts von alldem, auch wenn ihr Handeln immer wieder und während viel zu vieler Jahre verhängnisvoll war.
Als Gesamtwerk und als Ansatz jedoch voll genialer Züge, angefangen bei der glänzenden, der genialen Idee, die Vereinigten Staaten herauszufordern, wie geschehen. Allein dieses Detail. Die Art und Weise, in der sich das Land nun selbst darstellte. Zwar ein Weg ohne Zukunft, wie man bald sehen sollte, doch zu Anfang, während mehrerer Jahre, diese Energie, die alle beeindrucken mußte, die sahen, wie man da als großes Land auftrat, im Bewußtsein der erlangten Reife, entschlossen, in wenigen Jahren den Rückstand von Hunderten nachzuholen. Dieser Schwung.
Und gestohlen wurde nicht. Das kann man der kubanischen Revolution im Kern nicht nachsagen. Fidel Castro ist kein gemeiner Dieb, die kubanische Revolution keine gemeine Diebin. Deren einziges Motiv und Ziel die Bereicherung gewesen wäre, nein, ich denke und glaube, daß sie dem Wesen nach anders ist, mit ihrem fundamentalen, erschreckenden Idealismus.
Wer hätte sie nicht so gesehen? Welcher Gegner wünschte sich nicht – um seinen Argumenten mehr Gewicht, mehr Schlagkraft zu verleihen –, die kubanische Revolution wäre schlechter, als sie wirklich ist. Um Verwirrung zu vermeiden und sich nicht gezwungen zu sehen, ihr inmitten der schönsten Schmährede bessere Absichten zuzugestehen, all das, was ich hier anführe.
Für die kubanische Revolution und gegen die kubanische Revolution.

Durch und durch gut auf der einen, durch und durch schlecht auf der anderen Seite.
Und was am meisten frustriert und entmutigt: die Unvermittelbarkeit der Erfahrung, die Schwierigkeit, davon zu berichten. So daß auch der aufmerksamste, verständnisvollste, gutwilligste Zuhörer niemals deine Gründe zu begreifen vermag. Denn so detailliert man beschreibt, so endlos man aufzählt, nie wird man alle Fragen beantworten können, nie ergibt sich ein klares Bild, es bleibt unvollständig. Das Ärgerlichste, Beklemmendste fällt immer unter den Tisch, denn der Schrecken besteht aus einer Anhäufung winziger Wahrnehmungen. Meine Verzweiflung in all den Taxis: Niemals würde ich es vermitteln, niemals würden sie es begreifen können.
Eine aus dem Stegreif entwickelte Argumentation, einfach und einleuchtend. Für die Taxifahrer aller Länder, für das Publikum, das sie verkörpern. Keine akademische Studie, die von Daten und Statistiken überläuft. Meine eigene Erfahrung mit der kubanischen Revolution, mit der ich gelebt habe und lebe, die ganzen Jahre über, auf die sie, wiederhole ich, weiterhin ihren (kräftigen) Widerschein wirft.
Subjektiv und angreifbar deswegen, aber stützen wir uns im Alltag nicht meistens oder ausschließlich auf eine Mischung von Wahrnehmung, Intuition und Gewißheit? Dies ist eine Bestandsaufnahme dessen, was in meinem Kopf vorgeht, wenn ich an die kubanische Revolution denke oder sie vergeblich in einem Taxi erklären will.
Im Bewußtsein der Undankbarkeit einer solchen Aufgabe, der endlosen Kette von Mißverständnissen, der falschen Anschuldigungen und Schmähungen, die sie an der Front dieses Streites aufwirbeln wird, der schon so viele

Jahre dauert, daß er reif, überreif sogar hat werden und alle Irrtümer kultivieren können, die menschliches Tun mit sich bringt.
Und doch stürze ich mich hinein.
Wie jeder andere Mitbürger, wie ein Zeitungsleser beim Sonntagskaffee, der beim Ausbruch eines Krieges angesichts seiner Schrecken begreift: Er hat keine Wahl. Und er rüstet sich, schlüpft in die lächerliche Felduniform und zieht mit den Jüngeren in den Kampf, das Absurde seiner Lage klar vor Augen, während einer Feuerpause im Schützengraben, die runden Brillengläser zum Himmel erhoben. Und er wundert sich, wie auch ich mir sage: Ich, ein geschworener Feind jedes politischen Streits, *jetzt mittendrin mit hochgekrempelten Ärmeln.* Das kann nicht gutgehen. Ja, genau hier. Wieviel macht das? Der Rest ist für Sie. (All das zum Taxifahrer.)

Das junge Genie

Fidel Castro, ein amerikanischer Politiker

Denn folgendes ist zu bedenken: Wenn Kuba ein Protektorat war, quasi eine Art Kolonie Amerikas, sein wichtigster, wertvollster Erwerb, wenn wir davon ausgehen, daß auf der Insel das Amerikanische den Ton angegeben hat und die eigene Identität verloren (oder stark beschädigt) war, wenn all das stimmt, warum gelangen wir dann nicht zu dem Schluß: Fidel Castro – der Erzfeind Amerikas, sein größter Ankläger, seine Geißel vor der Weltöffentlichkeit – ist ein amerikanischer Politiker (so paradox es klingen mag)?

Doktor Fidel Castro ein amerikanischer Politiker.

Daher seine Bedeutung, daher sein Gewicht. Weil er einem Feind gegenübertrat, der Teil seiner selbst ist, dessen Schwächen er kennt, dessen kleinste Reaktionen er vorhersieht, in dessen inneren Mechanismus er tiefen Einblick hat. Was ihm erlaubte, den einzig möglichen Weg für eine radikale Abwendung von Amerika zu ersinnen, indem er sich ausgerechnet Henry Adams Analyse zunutze machte, nach der Kuba angeblich, der Schwerkraft entsprechend, wie eine reife Frucht (ein Apfel?) den USA zufallen würde.

Ein Vergleich, der an sich schon, Ahmed (zum Taxifahrer), eine solche Vorhersage disqualifiziert: Auf Kuba wachsen keine Äpfel.

Warum nicht wie eine reife *Orange*?

Einerlei: wie eine reife Frucht.

Das hatte auch Fidel Castro bedacht und berechnet, wie ein Ingenieur, der einen Erdsatelliten in die Umlaufbahn befördert: Die Schwerkraft der Vereinigten Staaten war nur zu überwinden, indem er sich ihrer bediente, um die Schubkraft zu vergrößern.

Den Schub der *Orange.*

Aber geschickt stellte er es als einen Rückstoß dar. Wie er an die Weltöffentlichkeit appellierte, wie er das Losreißen vor zahlreichem Publikum und breiter Medienpräsenz inszenierte.

Und wie er sich bereits in der Phase der Vorproduktion den Beifall der *New York Times* sicherte, was vielleicht der Garant für seinen Triumph gewesen war, wie beim Film, der ohne Glanz und Gloria anläuft, ohne Publikumsandrang, bis das enthusiastische Urteil eines einflußreichen Kritikers das Ruder herumreißt. Auch in dieser Hinsicht ein amerikanischer Politiker, Fidel Castro, der verstanden hat, daß die entscheidende Schlacht in den Medien geschlagen wird. Nie hat er nachgelassen an dieser Front.

Die Nachrichten über den Aufstand kamen mit der Einfachheit und Didaktik des Werbefernsehens ins Wohnzimmer. Eine Fernsehserie mit den Kubanern in den Hauptrollen. Und mit was für einer Starbesetzung: attraktive, charismatische Schauspieler. Che Guevara, Fidel Castro selbst und der andere in der Rolle des Bösewichts, John Kennedy, ebenfalls sympathisch, ebenfalls gut aussehend.

Es heißt – und die Politologen bestätigen das –, wirkungsvoll sei in der Politik das Fernsehen zum erstenmal von John F. Kennedy in den USA eingesetzt worden und von Fidel Castro ... ebenfalls in den USA. Das heißt, in ihrem überseeischen Territorium, das Kuba darstellte.

Ein Duell, wie es das Land in den 450 Jahren seiner Existenz noch nicht erlebt hatte. Eine Konfrontation *in cres-*

cendo: Mit jeder Folge, jedem Wortgefecht schwoll der Ton an. Eine öffentliche Provokation nach der anderen, und jedesmal schien es, bis hierher und nicht weiter, mehr würde der mächtige Gegner nicht zulassen.
Das unfaßbare Schauspiel der fliehenden Bourgeoisie, wie radikal alles verstaatlicht wurde, angefangen mit dem amerikanischen Eigentum. Güter im Wert von Millionen und Abermillionen von Dollar, so daß man noch heute, über vierzig Jahre später, nur staunen und sich wundern kann, wenn man sich vor Augen führt, in welchem Umfang und wie ungehindert man damals alles an sich riß.
Der Zorn und die Überraschung der Vereinigten Staaten bei diesem schnöden Undank eines Sprößlings, eines *amerikanischen Politikers*.
Der doch wissen mußte, ganz bestimmt davon unterrichtet war, daß sich viel Positives auf Kuba Einfluß und Beispiel der Vereinigten Staaten verdankte.
All das, was die Insel Kuba an Modernität gewonnen hatte, an technologischem Fortschritt, an Wohlstand, so

daß das Gros der Gegner, das uns davon überzeugen will, wie gut es Kuba ging, immer wieder anführt, daß wir 1959 das gleiche Pro-Kopf-Einkommen hatten wie einer der

Südstaaten, oder sie betonen, was auf das gleiche hinausläuft, daß wir im Grunde bereits Teil der Vereinigten Staaten waren und unser Lebensstandard sich dem des großen Organismus im Norden angeglichen hatte.
Und noch ein Motiv für berechtigten Stolz: Der Peso wurde gleich mit dem Dollar gehandelt. Wir erfreuten uns sozusagen einer herrlichen Währungsunion. Was wir nicht alles den Vereinigten Staaten verdankten!
Woher dann, wiederhole ich, dieser schnöde Undank angesichts all dieser Wohltaten?

Bevormundung

Kuba wurde volljährig, und die Vereinigten Staaten merkten es nicht.
Das ist der wirkliche, entscheidende Grund für die kubanische Revolution.
Weil sie es nicht erkannten, nichts taten, um dies Erwachsenwerden zu verarbeiten und Kuba auf gleicher Augenhöhe zu sehen (wogegen sie sich noch heute sträuben).
Im Gegenteil, sie versteiften sich darauf, weiterhin den erwachsenen Vormund zu spielen, weigerten sich, zu begreifen, daß sich das Land, das sie 1898 aus einem verheerenden Unabhängigkeitskrieg gegen Spanien geholt hatten, umgehend und in allen Bereichen damit beschäftigte, wer es war, wohin es sich entwickelt hatte und entwickeln wollte.
So hat die kubanische Revolution immer nur von imperialistischen Bestrebungen, von kapitalistischer Niedertracht, vom skrupellosen Investor geredet – was es alles gegeben hat –, ließ jedoch, nicht weniger niederträchtig, unter den Tisch fallen, wie sehr sich die Vereinigten Staaten auf Kuba engagiert hatten, wieviel sie für ihre väterliche, schützende Beziehung zu einem Land investierten, dem sie zwar das Joch der Vormundschaft auferlegten, dem gegenüber sie sich jedoch in der Pflicht fühlten.
Verpflichteter, das muß gesagt werden, hat sich kein Land gegenüber Kuba gezeigt, das kann man klar und deutlich an einem so verhaßten Symbol wie dem Embargo erkennen, das zu gleichen Teilen dem Wunsch nach Einmischung entspringt und väterlichem Übereifer.

Kuba als ein Land, in dem es während der wenigen Jahre der Okkupation, die 1898 auf das Kriegsende folgte, gelang, zu sanieren, Einwohnerverzeichnisse anzulegen,

Reformen durchzuführen, und dem sie halfen, sich von der katastrophalen Verwaltung unter einer endlosen Reihe von Generalkapitänen zu befreien (ein Zeitzeuge beschreibt in seinen Erinnerungen die »Tonnen von Dreck«, die man aus den öffentlichen Gebäuden Havannas zutage förderte), ein Land, dem sie – wer könnte das bezweifeln? – den großartigen Schub eines industriellen Triebwerks mitgaben.

Und dieses triumphierende Land, dessen Triumph sich der militärischen Intervention der Amerikaner verdankte, durch die der Krieg den toten Punkt überwand, sah sich nun als »Sohn« mit dem gewaltigen Mißtrauen eines Aufpassers konfrontiert, der über seine Güter wacht, mit einem *Amendment* im Vertrag, das auch so mancher im amerikanischen Kongreß für ungeschickt hielt und durch das sich die Kubaner sehr schnell hintergangen und unterjocht fühlten, ein weiteres Mal in Abhängigkeit, wie zuvor, als sie sich gegen Spanien erhoben hatten.

War das keine Beleidigung? Kein Unrecht?
Ja, und als Beleidigung und Unrecht erschien es allen Kubanern von Anfang an, und sie beklagten sich offen darüber, einerlei, wiederhole ich, mit welch guter, verständlicher Absicht die Regierung der Vereinigten Staaten gehandelt hatte.
Unter ihrer Obhut wuchs und entwickelte sich die Erste Republik als Minderjährige, die von den Erwachsenen behütet wurde und sich weiterhin mit dem unbehaglichen Leben unter elterlichem Dach abfinden mußte. Von Adoptiveltern dazu!

Das junge Genie

Denn wer immer noch an die Augenwischerei der objektiven Gegebenheiten und dergleichen Schwindel denkt, dem sage ich: So etwas gab es nicht, hat es nie gegeben. Denn man darf niemals die psychologischen Gründe aus den Augen verlieren, die einzig wesentlichen, was die kubanische Revolution betrifft.

Soll ich Sie etwa mit dem Prozentsatz der Armen und der Analphabetenrate ermüden, Nguyen (zum vietnamesischen Taxifahrer), mit den schrecklichen Lebensbedingungen der kubanischen Bauern? Da könnten wir die Statistiken mal in die eine, mal in die andere Richtung biegen und kämen nie zu einem Ende.

Ginge man nach den nüchternen Fakten, müßten dann nicht tagtäglich Revolutionen auf dem Planeten stattfinden? Nähme man sie als Schablone, als Matrix »objektiver Daten«, müßte dann nicht auch in diesem und jenem armen Land eine Revolution ausbrechen? Und Kuba, das liegt auf der Hand und wird heute allgemein bestätigt, ging es nie so schlecht, als daß man ihm notgedrungen diese Kur hätte verschreiben müssen. Sie werden entschuldigen, daß ich sie so einfach abserviere, die sogenannten »objektiven Ursachen«, aber dieser Weg scheint mir nirgendwohin zu führen.

Das großartige Werk eines einzelnen Mannes, der Triumph seiner persönlichen (und sektiererischen) Weltanschauung. Nämlich: nur die gewaltsame Lösung, nur der frontale Angriff. Also die Lage tüchtig bis zum Äußersten treiben, alles von einem »Brennpunkt« der Gewalt aus inszenieren, den Gegner derb herausfordern, sich jedem Kompromiß verschließen, jeden Vermittler als Waschlappen hinstellen, jeden ehrenvollen Ausweg sabotieren.

In diesem Licht ein perfekter Spieler, Fidel Castro. Der es immer schafft, aus jeder Situation den größtmöglichen Vorteil zu ziehen, und wenn er wieder das Spielfeld betritt – nachdem die Partie an Schwung verloren hatte, während er sich eine Pause gönnte, sehr wenige in diesen Jahren –, beugen wir uns gespannt vor und sagen: »Wollen mal sehen, gleich wird etwas passieren.« Irgendeine neue hübsche Provokation, eine lustige Beleidigung, eine elegante Abfuhr. Nachdem er seine Gegner vom Spielfeldrand aus beobachtet, mit vollkommener Kaltblütigkeit studiert hat. Und wie er dann auf seine plumpe, ungeschickte Art vorrückt, mit unmöglicher Technik, will einem scheinen, mit allen Fehlern, die man nur begehen kann, mit viel zu vielen Jahren auf dem Buckel und kaputten Knien obendrein, aber jedesmal versenkt er den Ball im Korb, wie von Zauberhand.
Deshalb bewundern ihn sogar jene, die ihn hassen, und sagen: »Zugegeben, er spielt, daß es eine Freude ist.« Ohne ihn wäre alles anders. Die Saison zweifellos ohne Glanz. Und unser Staunen angesichts all der ungeschickten Gegner, die, wir können es uns nicht erklären, wieder und wieder in dieselbe Falle tappen. Geschickt und gerissen, ein

richtiger Profi. Einer der Topspieler der Liga. Man müßte ihn eigentlich disqualifizieren, am Spielen hindern, sperren. Aber auf dem Spielfeld, wie soll man ihn da bremsen?
Aus der Distanz gesehen läßt sich heute ein eindeutiges Muster erkennen: ein Künstler der Provokation. Wie er sich ganz zu Anfang den Überfall einer Gruppe junger Leute auf eine Militärkaserne ausgedacht hatte, einen Angriff, die Entscheidung für die Waffen. Etwas – das bekenne ich offen –, was ich mir nur schwerlich vorstellen könnte, unfähig, so etwas auch nur in Erwägung zu ziehen. Kein kriminelles Talent, wissen Sie? Ich zittere schon, wenn ich im Supermarkt eine Packung Rasierklingen mitgehen lasse.
Und stellen Sie sich erst einen Überfall auf eine militärische Festung vor. Hätte man mir von einem solchen Plan erzählt, ich hätte erstaunt vom Teller aufgeschaut und mich gefragt, ob ich richtig gehört hätte.
Außerdem ein hervorragender Trainer, der der ganzen Mannschaft klar und wirkungsvoll seine Spielweise zu erklären vermag. Und nicht nur mittels der Indoktrinierung – die es auch gab und nicht zu knapp, man könnte sogar einen Großteil des Schulunterrichts auf Kuba als knallharte Indoktrinierung bezeichnen –, nein, er erreichte auch unabhängige Akteure: Minister, Diplomaten, hohe Beamte, die in der Lage waren, selbständig zu handeln und die sich wahrhaftig einer »Schule« anschlossen. Wie ein großer Künstler, dessen Vision eine ganze Generation prägt, so daß wir in ihr, in jedem einzelnen von ihnen, das unverwechselbare Siegel erkennen können.
Die Vereinigten Staaten (und die Insel Kuba) mußten es mit einem subtilen Politiker aufnehmen, Zeichen und

Ausdruck der Volljährigkeit, von der ich gesprochen habe und die damals die Verwalter (oder hauptsächlichen Verwalter) der Insel nicht wahrnahmen.

Ein Schwellenland: ja oder nein?

Oder räumen wir ein, daß die Revolution unstreitig in der Luft lag, jedoch eine Revolution anderer Art, denn die Gesellschaft revolutionierte sich mit Riesenschritten und in allen Bereichen, wollte die erlangte geistige Reife in solidere politische Institutionen umsetzen, in eine autochthone Demokratie, wollte zuallererst ihr Abhängigkeitsverhältnis zu den Vereinigten Staaten neu überdenken. Ebendeshalb fraglos in der Lage, bis ins feinste die Folgen der Bevormundung zu analysieren und wie sie die eigene Entwicklung hemmte.

Aber nie ist ein Land verwundbarer als im Moment des Abhebens, wenn alle in der Luft schweben, bereit, sich zu einem neuen Gebilde zu formieren, denn dort sind die Kräfte leicht zu bündeln und in eine (gewaltsame) Richtung zu bewegen, wie geschehen.

Ob Schwellenland, wie manche behaupteten, ob am Rand des wirtschaftlichen Aufschwungs oder nicht, in jedem Fall jedoch, ohne ihn lenken zu können: die Form, der politische Rahmen war noch nicht auf der Höhe der guten Wirtschaftsindikatoren. Und nichts tat die Politikerriege, oder so gut wie nichts, um aufzuholen, größeren demokratischen Spielraum zu geben, sie bestand auf einer alten Gußform, erlaubte sich sogar – ein klarer Rückschritt gegenüber dem Erreichten – die Schändlichkeit eines Staatsstreichs.

Eine Revolution, eine Explosion des Systems, war deshalb so gut wie unvermeidlich.

Und doch gab es nichts, gab es keinen eindeutigen Richtungsvektor, der unweigerlich auf die Revolution hingedeutet hätte. Ganz im Gegenteil. Zur Revolution kam es gerade aus dem Gefühl heraus, daß es uns gutging und es nur eine Frage von ein paar Jährchen war, bis sich im vollen Glanz zeigen würde: an der Spitze des Kontinents. Anders gesagt, der Grund war die amerikanische Prägung. Die Revolution an sich – im Gegensatz zur Vorstellung einer schlechten, gewaltsamen Revolutionen – als gute »amerikanische Revolution« gedacht und damit begrüßenswert.

Kuba vor 1959

Verdiente es die vorhergehende Existenzform, das Leben auf Kuba – einem Protektorat, wenn man so will, ich bin durchaus bereit, das zuzugeben – um der »Unabhängigkeit« willen über Bord geworfen zu werden, damit der Konflikt endgültig und sofort ein Ende fand, dieser Zustand aufgehobener Souveränität?

War es der Mühe wert, sich von allem loszureißen? Bestand die Möglichkeit eines noch größeren wirtschaftlichen Aufschwungs, der am Ende, klar und eindeutig, zum gleichen Resultat geführt hätte (das heißt: keinerlei Einmischung der Vereinigten Staaten), sagen wir im Jahr 1990, aber ohne das Trauma und die Gewalt, die Doktor Fidel Castro dem ganzen Land so fürsorglich verschrieben hatte?

Jedenfalls erwies sich der Weg zum Paradies, zum bequemen Leben in Unabhängigkeit, als schmal, allzu schmal. Man mußte – und dies wurde nicht als Tragödie empfun-

No. 1320. FORT LA PUNTA, HAVANA, CUBA.

The Castillo de la Punta is the northernmost point of the city of Havana, destined to protect, together with the Castillo del Morro and the large Castillo de la Cabana opposite, across the entrance to the harbor, the city and port from any attack by a hostile fleet. Southwest of the fort the shore is lined with bathing houses, which are much used, as bathing may be indulged in here all the year around. The harbor of Havana is splendid. The entrance is narrow, about 1,000 feet wide, but back of the city it widens greatly and forms four large bays, which are again indented. Several of the peninsulas thus formed are covered with suburbs. The old part of the city is enclosed with walls, built as a protection from the insurgents who almost worried the life out of the Spanish during an entire century previous to the war that liberated Cuba forever. The foreign consuls and the wealthy merchants live in the suburb Cerro, southeast of the city, connected with it by steam and electric railroads. The streets of the old city are quite narrow and were miserably paved until the American administrators, especially Gen. Lawton, undertook to render the city safe from a sanitary standpoint.

den – Hunderttausende aus dem Land vertreiben oder ins Exil zwingen.

Nichts weiter. Wie ich mir mehr als einmal gesagt habe.

Nichts weiter: Hätte in einem halbwegs demokratischen Land jemand, der noch bei Sinnen ist, ein Projekt, das zehn Prozent der Bevölkerung kostet, unterstützen können, ohne daß sogleich der Wahnsinn daran, sein fraglos unrealistischer, schädlicher Charakter, ins Auge gesprungen und heftig kritisiert worden wäre?

Hochjagd

Das gefangene Raubtier

Wie ein riesiges gefangenes Raubtier, das man den staunenden Dorfbewohnern vorführt, damit sie es zwischen den Käfigstäben reizen können. Das ungewohnte Schauspiel eines so gewaltigen, mächtigen Landes – des gewaltigsten, mächtigsten auf der Erde, der Vereinigten Staaten –, das sich in einen gnadenlosen Krieg mit einem so geringen Gegner verwickelt sah.
Allein dies schlug die Phantasie der Zeitgenossen in Bann.
Und erlaubte es Fidel Castro, seinen Triumph als den größten, unwahrscheinlichsten und vollendetsten zu präsentieren. Eine Stütze, eine Kraftquelle, auf die er all die Jahre immer wieder zurückgriff. Ein Beitrag, der nicht weniger üppig und großzügig ausfiel als die wirklichen Millionen der Russen. Diese gaben freiwillig und bewußt, die USA unfreiwillig, erbarmenswert und plump.

Nie hat sich Fidel Castro darüber getäuscht, daß seine Revolution, sein Meisterwerk aus zwei Gliedern besteht. Daß es ohne die leidenschaftliche Beteiligung der Vereinigten

Staaten in der Rolle des gefangenen Raubtiers unbedeutend geblieben wäre, daß ohne die Starbesetzung Amerika sein Werk lange schon keine Zuschauer mehr hätte.
Im Grunde hat es seit den Anfängen der kubanischen Revolution keinerlei Fortschritt, keine alternativen Strategien, keinen Schauplatzwechsel gegeben. Und wenn die Vereinigten Staaten sich einmal vom gesunden Menschenverstand leiten ließen oder ihnen das politische Schachspiel einmal weniger internen Druck bescherte und sie sich bewegen, nachgiebiger werden und – welch Grauen! – das Spiel aufgeben wollten, wurden sie sogleich mit kalter Berechnung provoziert.
Immer wieder wurde zur gleichen Strategie der schrillen, demütigenden Provokation gegriffen, die ihnen keinen an-

deren Ausweg ließ, als in den Ring zurückzusteigen und sich erneut in das Bild der schrecklichen Umklammerung und Bedrohung zu fügen.

Fidel Castro stattet den USA im März 59 einen seiner ersten offiziellen Besuche ab, drei Monate nach dem Triumph der Revolution, aber laut zahlreicher Zeitzeugen bereits mit geschickt verhüllten Hintergedanken, denn es sollte nicht offenbar werden, daß er keinerlei Absicht hatte, irgendeinen Gefallen von den USA anzunehmen, nicht den kleinsten Kredit, keinerlei ökonomische Unterstützung, nichts, was eine Gefahr (etwa als undankbarer Schuldner hingestellt zu werden) für den gewaltigen Angriff bedeutet hätte, den er vorbereitete (oder des Verrats, den er ausbrütete).
Vom Standpunkt des listigen Fidel Castro aus galt: Nur ein Bruch, nur entschlossenes Umschwenken konnte zum Erfolg führen. Jede Verständigung, jede ausgestreckte Hand hätte seinen Plan unweigerlich zu Fall gebracht, und wohlweislich hütete er sich davor.
Was heißen soll – ohne seine Taktik hier als Verrat oder tiefste Tücke zu verdammen –, daß die USA Opfer einer *hinterlistigen Provokation* wurden.
Eine Falle, in die sie donnernd hineinfielen, mitgerissen von ihrem Gewicht und dem Trägheitsmoment ihrer vollkommenen Überzeugung, daß man Kuba und seine Unverschämtheit bestrafen müsse.
Doch ebenso mitgerissen – auch das muß gesagt werden – von ihrer offenherzigen, wohltätigen Seite.
Hatten sie Kuba nicht einen großen Gefallen getan, indem sie es den spanischen Klauen entrissen hatten, verdankte ihnen die Insel nicht ihre Unabhängigkeit (nun gut, ihren Abklatsch von Unabhängigkeit, doch unabhängig letzten Endes)? Wer hätte mit solch Schändlichkeit rechnen können, mit solch finsterem Undank? Habe ich dir nicht alles gegeben? Dich zu dem gemacht, der du bist?

Wie kannst du mir das antun?
Ebendies war der Ton in all den Jahren, die bittere Klage eines hintergangenen Ehepartners. Das Aufstampfen des Verlassenen. Wer hätte es anders empfunden? Und dann folgt Schlag auf Schlag: das (während der Ehejahre) angehäufte Geld, die angeschafften Güter, mein Geld.
Mordpläne, Anklagen über Anklagen. Das häßliche, herabwürdigende Schauspiel einer Scheidung. Und die Kinder, die Bourgeoisie, die Mittelklasse, inmitten des revolutionären Sturms ihrem Schicksal überlassen: Du kannst sie haben, nimm sie mit. Und die Vereinigten Staaten nahmen sie zu sich wie eine Mutter (eine erschreckende, rachsüchtige Mutter), damit sie bei ihr lebten.

Begeisterung

Denn Begeisterung gab es. Auch ein wichtiger Punkt: die Begeisterung. Das elektrisierte Ambiente jugendlicher Unbekümmertheit, die Ausgelassenheit bei einem Rockkonzert.

Und wie sollte auch ein Bündel populärer, *populistischer* Maßnahmen nicht Begeisterung hervorrufen? Wie von *Zauberhand* sinkende Mieten, wie von *Zauberhand* steigende Löhne. Die Freude dessen, der nicht viel von Zahlen versteht und den man (ohne weiteres und ohne jede Nötigung) davon überzeugen kann: »Jetzt geht es aufwärts.« Denn man war bisher, die ganze Zeit über »Opfer einer Verschwörung« gewesen. Und nun, da man sie aufgedeckt, entlarvt und ans Tageslicht gezerrt hatte: alles wie am Schnürchen.

Der unverfälschte Taumel all der jungen Leute (heute Großväter), bis zu Tränen bewegt von vier ordentlich angeschlagenen Akkorden. Mit diesen altmodischen enggeschnittenen Anzügen. Und den schmalen Krawatten.

Die Lösungen von Zauberhand, an die wir imstande sind zu glauben und die wir für möglich halten, einen Augenblick lang. Bis wir begreifen (nachdem wir ins Freie getreten sind, nach Ende der Vorstellung), daß wir nicht imstande sind zu fliegen, daß wir niemals, selbst wenn es möglich wäre, einfach so abheben werden. Erwachsen, wissen Sie, erwachsene Leute und nicht – ja, weshalb es nicht einmal so gehässig und abscheulich aussprechen? – die Masse, die nach einem Wunder schreit.

Inmitten von Trubel und Geschrei versuchte man auch Argumente vorzubringen. Viele meldeten sich zu Wort, gaben ihrer Unzufriedenheit Ausdruck, ihren abweichenden Ansichten, doch sie wurden niedergeschrien. Die kubanische Revolution war niemals eine demokratische Angelegenheit, hatte nie eine sein sollen. Man war von dem Gedanken besessen, recht zu haben, und zur Bestätigung war da die begeisterte Unterstützung des Volkes und anfangs ebenfalls die so vieler gutsituierter Leute, bewundernswerter Menschen. Das sage ich ganz ohne Ironie: ausgezeichnete Menschen der Mittelschicht, ausgezeichnete Menschen der Oberschicht, die ihre rückhaltlose Unterstützung anboten und sich zu Feinden all der ausgezeichneten Menschen ihrer Schicht erklärten, die abweichende Ansichten hatten.
Und wo Doktor Fidel Castro – ein intelligenter, gebildeter Mann – einen ebenen, lichten Weg sah, einen Pfad, den Bäume säumten, zu deren beladenen Ästen man nur die Hand ausstrecken mußte, da wurden sie von ihrer Erfahrung gewarnt, ahnten: Sorgen, Leid ohne Ende und ein jahrelanger Gewaltmarsch durch die Wüste.

Gewalt

Auf keiner Buchseite, die von diesen Tagen erzählt, springt einem nicht mit schrecklichem Glanz der Ruf »An die Wand!« entgegen. Das rief man im Kreis der Nachbarn, in den Staatsbetrieben und – besonders schrecklich – unter den Kindern in der Schule. Eine Parole, ein »Ruf des Volkes«, der die gleiche einschüchternde Wirkung hatte wie das Schauspiel der Guillotine während des Thermidor.
Die genaue Zahl der Erschossenen wird wohl nie bekannt werden. Räumen wir jedoch ein, daß sie nicht allzu hoch war, daß sie niemals (wie leicht ersichtlich) die hohen Ziffern von dem oder jenem (unglücklichen) Land erreicht hat.
Und doch wurde eifrig erschossen. Und zwar, wie soll ich es ausdrücken, fröhlich drauflos.
Doch lassen wir die tatsächliche Zahl der Opfer beiseite, damit wir uns nicht auf die Fakten beschränken und darüber die symbolische Wirkung vergessen, die immer noch anhält. So mächtig, daß ihre Ausstrahlung bis heute, nach all den Jahren, Jahrzehnten, noch das ganze Land durchdringt und ihre Präsenz leicht ersichtlich ist: die Angst als Motor von Verhaltensformen, die anderweitig unerklärbar wären.
Wie die Bewohner Kubas (»diese fröhlichen, vergnügten Inselbewohner«) in der Öffentlichkeit ihre Stimme senken, wenn sie irgendeine Maßnahme der Regierung erwähnen. Die Angst, die das ganze Land im Griff hat, das Mißtrauen, die Denunziationen, die im Grunde jeden Versuch des Zusammenschlusses, jeden Ansatz zu einer

– unbewaffneten!, friedlichen – Opposition zunichte machen.
Eine Angst, die auf dem Rückzug ist, behaupten manche, denn »unser heroisches Volk« wird sie bezwingen usw. Doch sie täuschen sich. Ihre nachhaltige, andauernde Wirkung wird bis in breite Zonen unseres zukünftigen Lebens vordringen. Mehrere Generationen unwiderruflich gezeichnet und versehrt von der Angst. Die Traurigkeit in meinen Worten wird keine politische Kampagne in ihrem Optimismus akzeptieren wollen. Doch mache ich hier keine Politik, und so kann ich sagen: ein kaum mehr gutzumachender Schaden.
Da sammelt eine oppositionelle Gruppe in einem Land von elf Millionen zehntausend Unterschriften und stellt das als einen Sieg dar, was es zweifellos ist, ein gewaltiger Sieg!, doch ist es nicht ebenso ein klarer Beweis dafür, daß alle dort von Angst vergiftet sind? Ein verbreitetes, tiefgreifendes Phänomen. Und zwangsläufig wird das ganze Land diese Angst ausstrahlen, unweigerlich wird sie sich in fehlender Initiative, in trüber Unsicherheit ausdrücken, in all dem, was unsere Generation merklich von den vorhergehenden unterscheidet, von Menschen, die in Freiheit geboren wurden, ohne Angst.
Man wird mir entgegenhalten: nein, keine Angst mehr. Und ich werde nicht mit Gegenargumenten, nicht mit »Fakten« aufwarten können und nur ratlos antworten: Ich selbst bin doch, da ich dies schreibe, voller Furcht.
Wieviel in den ersten Jahren der gerechtigkeitsliebenden kubanischen Revolution getötet wurde, ohne es je zu bedauern, ohne je eine Miene zu verziehen.
Genaugenommen wie das Gesicht des Dokor Guevara auf dem berühmten Foto. Der Ausdruck von jemandem, der

unerschütterlich vorangeht, ohne daß ihn etwas aufhalten könnte, ohne darauf zu achten, wer ihm unter die Füße kommt.

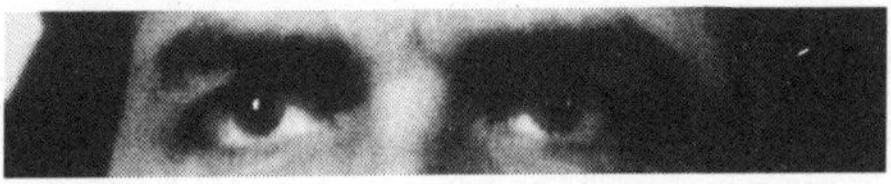

Für den, der an die Unvermeidlichkeit der revolutionären Gewalt glaubt, an die heilsame Wirkung des Brenneisens, für den ist es ein hübsches Foto.
Doch begreift man sie wie ich als einen Irrtum, den ein Land niemals begehen darf, all die Toten, dann ist sein Blick von erschreckender Härte.
Schauen Sie sich nur, wenn Sie Gelegenheit haben, dieses Porträt an, das die Brust so vieler junger Leute schmückt, all die Taxis!, schauen Sie sich diese Abbildung überall auf der Welt an.

Großtuerei

Die unerträgliche Großtuerei, die all diese Jahre beherrscht hat und die man schon bei Fidel Castros ersten öffentlichen Auftritten beobachten konnte, sein vulgäres Auftrumpfen, das selbstzufriedene Lächeln, mit dem er sich die Hose zurechtrückte, die Körpersprache – das entgeht mir inzwischen nie mehr – von jemandem, der maßlos eingenommen von sich selbst ist.
Mehr als einmal habe ich mir gesagt, wenn ich diese alten Wochenschauen sehe (aus der Zeit vor meiner Geburt, aus meiner Kindheit und meinem ganzen Erwachsenenleben: so lang hat er geherrscht!): Wäre ich damals so alt gewesen wie jetzt und hätte gewußt, was ich inzwischen erkannt habe, ich hätte automatisch einer Figur mißtraut, die sich wie ein protziger Ganove gibt. Hätte mit größtem Mißfallen so ein Schwingen der Lenden beobachtet: ein Demagoge, ein Bauernfänger, wie er im Buch steht.
Und immer bin ich überrascht, wenn mir eine kubanische Zeitung in die Hände fällt, diese beißende Erbitterung, der hohe Prozentsatz verbaler Gewalt, das Geifern des Chefredakteurs, die Sprache der Einschüchterung. Und was sie zum Ausdruck bringen soll: immer die gewalttätigste Beleidigung, immer die gemeinste Erniedrigung des Gegners. Da wird nicht zu Menschen gesprochen, niemals, sondern sie wenden sich gegen »Vaterlandsverräter«, »Volksfeinde« und – dieses hübsche Wort – »gusanos«, Würmer.
Eine politische Bühne, die sich auf perverse Weise im schrillen Ton eingerichtet hat.

Das entwürdigende Schauspiel dessen, der schreiend seine »Rechte« einfordert. Der Streit in einem U-Bahn-Gang, in den wir uns nicht einmischen wollen, weil er sich gegen einen wenden, weil man bei der leisesten Andeutung, der schüchternsten Forderung nach einer klärenden, objektiven Darstellung des Sachverhalts in die Schußlinie des speichelspritzenden, wutentbrannten Individuums geraten wird. Allein dies schon, allein die Rücksicht auf den Gegner: ein Verrat. Jeder Aussöhnungsversuch, der auch nur für eine Sekunde den Standpunkt des andern einnimmt, verwandelt dich in ein legitimes Angriffsziel.
Wie auch dieses Buch, das die schärfsten Attacken zu erwarten hat, die schrecklichsten Anwürfe. Die endlose Reihe von Unwahrheiten, von Schmähungen, die sich an der ganzen breiten Front dieses jahrelangen Streites erheben werden, dieser maßlose, zänkische Ton der Hysterie.
Zunächst brach ich ab, hörte während einiger Tage mit dem Schreiben auf, die Aussicht vor Augen, daß ich da diesen schrecklichen Weg voller Mißverständnisse einschlug, voll der falschen Beschuldigungen, mit denen man das Buch anfechten würde.
Und ich schrieb weiter.
Jedoch nicht etwa, weil ich in jeder Zeile das Recht auf meiner Seite hätte, das glaube ich beileibe nicht (bin sogar vom Gegenteil überzeugt: daß niemand für sich genommen das Recht in dieser Angelegenheit auf seiner Seite hat), sondern mit der friedlicheren Absicht, die Mäßigung zu suchen, das Schrille hinter uns zu lassen, den lauten Streit aus freien Stücken aufzugeben.

Propaganda und parteipolitische Manipulation

Um es kurz und knapp zu sagen: Das Kuba vor 1959, vor allem Havanna, das die kubanische Revolution als drekkiges Stundenhotel dargestellt hatte, ist schlechtweg und vorsätzlich verleumdet worden.
Ich kann es nicht anders sehen.
Eine Verleumdung, die in der Hitze der Revolution als Entschuldigung ausgestreut wurde, mit der man all die durchschlagenden, prompten Konsequenzen rechtfertigen wollte, ein Schreckensbild, das wirkungsvoll ihre Notwendigkeit unterstreichen sollte.
Also nicht eine der schönsten Metropolen der westlichen Welt mit ausgezeichneten Universitäten und Schulen für höhere Töchter, nicht die Großstadt mit blühenden Mittelstandsvierteln und anständigen Arme-Leute-Vierteln, wo die Menschen, mein Großvater, morgens aufstanden und ein Leben zu leben hatten. Verliebt, sagen wir, in meine Großmutter, entschlossen, etwas aus sich zu machen, aufzusteigen, wie alle Menschen in allen Ländern der Erde.
Aber nein: nichts als eine Geisterstadt am Meer, heruntergekommen, die Hotels voll Prostituierter, die Bars voll Prostituierter, die Viertel voll Prostituierter. Und die Korruption und das Glücksspiel. Eine Spelunke, wie es hieß, das »Bordell« der Amerikaner.
Nichts weiter.
Ich kenne nicht die Zahlen, habe keine Statistiken gelesen, überschlage es nur im Kopf. Ich glaube nicht, daß es im Havanna der 50er mehr Prostituierte gegeben hat als

heute in Mexiko-Stadt, um ein Beispiel zu nennen, oder in Amsterdam, in all den Städten der Welt, in denen die Prostitution offen (mit gesunder Offenherzigkeit, könnte man sagen) ausgeübt wird.
Keine schreckliche, babylonische Plage in Havanna, die man glaubte mit der zornfunkelnden Miene einer Matrone wegfegen zu müssen. Die vielen, die es selbstverständlich doch gab (wie nicht in einer Hafenstadt?), wurden eingesperrt und »umerzogen«, und nach wenigen Monaten, nach viel zu wenigen: eine prostituiertenfreie Zone.
Ist das im Grunde nicht entsetzlich und traurig? Ein Land ganz ohne Freudenmädchen, als einziges auf dem ganzen Erdball?

Tourismus

Ebenso gab es da – unvergeßlich – den Tourismus, dem sich das Land jahrzehntelang kategorisch verschloß, ihn als verderblichen Einfluß brandmarkte, vor dem sich Kuba gleich einer Jungfrau in der Trutzburg schützen mußte. Weshalb man uns blitzschnell aus dessen einträglichem Orbit abzog, »ohne Rücksicht auf Verluste«.
(Und oft wird folgendes außer acht gelassen, wenn man vom Tourismus spricht: Die USA der Nachkriegszeit erlebten damals eine der längsten Wohlstandsperioden ihrer Geschichte, und während vor der Ära kommerzieller Linienflüge eine Reise nach Hawaii einen ganzen Tag in Anspruch nahm, galt das nahe Kuba als ideales Urlaubsziel der Amerikaner.)
Keiner wußte, daß der gesamte Planet an der Schwelle des »Massentourismus« stand, ein neues Phänomen, das Klempnern wie Sekretärinnen das Fliegen ermöglichte. Wie erschreckend, erdrückend muß damals der Einfall von Scharen amerikanischer Touristen gewirkt haben. Und das war erst der Anfang! Man erlebte, ohne es zu wissen, die ersten Tage von dem, was später zu einem saftigen, vollkommen legitimen Geschäft werden sollte, das den ganzen Planeten erfaßte.
Ein kindisch auftrumpfender Tourismus in Spanien, die Engländer, die ungefähr zur selben Zeit nach Kantabrien zu reisen begannen, die krebsroten, lachhaften Deutschen auf Mallorca. Düster und tückisch die nordamerikanischen Touristen auf Kuba. All das malte uns die unerbittliche (jungfräuliche) Revolution als Katastrophenbild. Als

eine Plage, vor der das Land sich in Quarantäne zu begeben hatte, um seine Identität (und seine Werte) vor solch verderblicher Wirkung zu retten.

Aber als kein russisches, kein »sauberes und ehrliches« Geld mehr hereinkam, waren die Touristen wieder die Rettungsplanke. Man versuchte, die verlorene Zeit aufzuholen. Hinkte jedoch immer Orten wie Cancún hinterher, das keiner je auf seinem Weg zum vollkommenen Verderben hatte aufhalten wollen. Eher im Gegenteil: ein legitimes Urlaubsziel, wo es wohl hin und wieder (aber schließlich hat man ja die Polizei) Exzesse betrunkener Touristen gibt, Ungehörigkeiten von Jungs weit weg von zu Hause.
Nichts, was eine Revolution verdiente.

»Bürgerkrieg«

Die Erinnerung an den jüngsten Kampf, diese fröhliche Tradition, legte auch den Unzufriedenen den bewaffneten Aufstand nahe. Eine Neuauflage der »revolutionären« Heldentat, aber mit umgekehrtem Vorzeichen. Zwei Weltanschauungen standen sich gegenüber oder genaugenommen zwei verschiedene Anschauungen der Frage, die auch der Leitgedanke dieses Buches ist: Wie läßt sich das Verhältnis zwischen Kuba und den Vereinigten Staaten jenseits der Abhängigkeit neu definieren?

Im wesentlichen stritt man über die Frage der Mittel, mit denen dieses Ziel zu erreichen war: entweder mittels der Unterjochung eines ganzen Landes, seiner erneuten Umwandlung in eine gewaltige Militärmaschinerie. Oder aber – angesichts der immensen, unbezahlbaren Kosten der ersten Alternative – durch einen allmählichen Entwicklungsprozeß, der nicht weniger auf Unabhängigkeit aus war, durch eine ebenso nationalistische (patriotische) Alternative, eine gemäßigte jedoch. Deren Anhänger ebenfalls Kubas Fortschritt im Sinn hatten: ökonomischen Aufschwung und allgemeinen Wohlstand.

Von diesem Augenblick an sah man die Gegnerpartei der kubanischen Revolution nicht mehr als Kubaner, nicht mehr als *Landsleute* an. Sie wurden bequem und kurzerhand als Agenten einer fremden Macht abqualifiziert. Die es verdient hatten, ausgerottet und massenhaft vertrieben zu werden und im politischen Spektrum des Landes nicht vertreten zu sein.

Ein paar Ungeschicklichkeiten von seiten der USA, die lustige, erheiternde Invasion in der Schweinebucht, die chaotische und zögerliche Unterstützung der Aufständischen, kompromittierten gegenüber der öffentlichen Meinung am Ende jegliche gemäßigte Alternative, hypernationalistisch, wie man damals mitten im Eifer des Gefechts war. Der Krieg dauerte in seiner aktiven Phase über sieben Jahre. Die Siegerpartei wird Jahr für Jahr bejubelt, Bücher wurden über sie geschrieben, Filme gedreht, die das Leben und Martyrium vieler ihrer Helden verherrlichen. Die Verliererpartei wurde auf alle nur möglichen Weisen verunglimpft (angefangen, versteht sich, indem man sie »Agenten des Imperialismus« nannte), ihre Anhänger wurden als Kindermörder dargestellt, als Greisenmörder, als Mörder überhaupt, als Vergewaltiger, als unendlich und vollendet böse.

Das Debakel eines Krieges, den keiner bedauert hat, der übergangen wird, als hätte er nie stattgefunden. Als hätte sich das Land nur sechzig Jahre nach dem großen Gemetzel des Unabhängigkeitskrieges gegen Spanien 1895 und der brutalen Revolution des Jahres 1933, als der Diktator Machado gestürzt wurde, nicht ein weiteres Mal dem Wahnsinn eines mörderischen Bruderkrieges hingegeben. Bei dem ganze Familien zwangsumgesiedelt wurden, unter der Beschuldigung (vermutlich berechtigt, denn weshalb sollten sie es nicht tun?), die Guerrilla logistisch zu unterstützen. Was die Zahl der Kontrahenten in diesem Kampf um Tausende, Zehntausende, Hunderttausende erhöht, da es wie in jedem Bürgerkrieg Schnellverfahren, Hinrichtungen ohne Prozeß, Grausamkeit und Ungerechtigkeit auf beiden Seiten gab. Wie nicht bei einem Bürgerkrieg?

Aus der Distanz der Jahre sehe ich sie in einen Kampf verwickelt, bei dem mir das Ziel beider Parteien gleichermaßen fragwürdig erscheint und ich keines unterschreiben würde.

267.—Los asesinos de la tiranía pagan sus crímenes ante el pelotón de fusilamiento. En Oriente, la región más martirizada, son fusilados 71 culpables.

Falsch gedacht, scheint mir, daß die einen zum Status quo vor 1959 zurückkehren wollten oder es für möglich hielten, ihn ohne direkte Konfrontation mit den USA (wie sie die kubanische Revolution verfocht) hinter sich lassen zu können.
Und ebenso falsch gedacht, daß die kubanische Revolution auf der anderen Seite kaltblütig einrechnete, Zehntausende von Existenzen zu zerstören, von der Insel »verschwinden« zu lassen, wenn auch nicht zu töten, denn an Toten gab es »nur« die paar tausend im Kampf Gefallenen und noch ein paar tausend Erschossene. So hielt man es für möglich, ohne mit der Wimper zu zucken, voranzuschreiten, und tat es auch.
Noch einmal: Gab es einen dritten Weg, eine Alternative zur kubanischen Revolution? Die Jahre verstreichen lassen, auf eine friedliche Lösung warten, 1978 oder 1991, mit einem wirtschaftlich gestärkten Kuba, völlig unabhängig

und, was am wichtigsten ist, dem nicht Gewalt angetan worden war? Ich glaube schon. Ja, das glaube ich.
Doch werfe ich mich deswegen nicht zum Richter auf, urteile nicht von der Höhe und dem besseren Ausblick der Jahre aus.

Das Leben in der Post-Bubble-Ära

Das Leben in der Post-Bubble-Ära

Der Ausnahmezustand, den die sogenannte kubanische Revolution darstellt, gleicht einem Leben nach einer Spekulationsblase, in einer Post-Bubble-Ära, in der man sich weigert, den Schiffbruch zu akzeptieren und daß die Blase schon vor vielen Jahren platzte. So werden Ergebnisse gefälscht, man greift zu Kapitalspritzen aus dem Ausland (von den Russen), und wenn auch diese ausbleiben, beharrt man darauf: eine internationale Verschwörung, die Berechnungen korrekt, die Zahlen ebenso und das Eldorado in Reichweite, sobald Verschwörer wie Verschwörung an Kraft verlören.

Niemals wurde eingeräumt, daß man einen Irrtum begangen, daß das ganze Land, ob nun im Aufschwung oder nicht, 1959 einen Sprung ins Leere getan hatte, denn so schlecht hatte es sich in Kuba letzten Endes nicht gelebt.

Erlauben Sie, daß ich das unterstreiche: Es gab Ungleichheit, Armut, Ungerechtigkeit, aber wo nicht? Gewiß überall oder in fast jedem Land auf diesem Planeten. Vielleicht hatte man gerade deshalb, wegen dieses relativen Wohlstands (am amerikanischen Euter), den Eindruck, es sei nur noch eine kleine Anstrengung nötig und der Aufschwung eine Frage von wenigen Jahren.

Sie scheinen nicht einmal die Möglichkeit in Erwägung gezogen haben, daß diese Zeit im Rückblick wie ein paradiesischer Zustand aussehen würde, die Erinnerung an ein Schlaraffenland (das es niemals war, versteht sich), das alle Bedürfnisse erfüllt, die des kleines Mannes auf der Straße. Doch so muß es wirken, hält man das Bild gegen die greifbare Not des gegenwärtigen Lebens auf Kuba (welche Gründe sie auch haben mag, sagen wir – denn im Zweifel für den Angeklagten – das so häufig bemühte Embargo), auch wenn der Glanz des Havannas der Fünfziger die Rückständigkeit überstrahlt, die äußerst realen Probleme, die es damals tatsächlich gab und die nach einer Lösung schrien.

Doch diejenige, die man am Ende mittels der kubanischen Revolution fand, bedeutete keinen Aufstieg, sondern einen Abstieg in Richtung Rückständigkeit.

Allerdings wurde die Not zu Anfang und während all der Jahre dieser unwahrscheinlichen Allianz durch das Erscheinen der Russen abgefedert, die als Paladin oder Ritter (ebenfalls aus dem Norden) mit ihren Siebenmeilenstiefeln herbeistürmten, wie in den Legenden, und sich für uns in die Bresche warfen.

Wir griffen zu dieser Stütze, das ganze Land beweinte sein vorheriges Unglück und vergoß dann Tränen des Glücks, weil wir nun nicht mehr einem bösen, ungerechten Ritter, sondern einem guten, aufrechten dienten. Etwas plump, mit gröberen Manieren, aber was macht das schon?

Bolschewismus, Kommunismus

Ich rede vom Kommunismus, unberührt von historischen Auswüchsen oder Zusätzen, in seiner etymologischen Bedeutung: Kommunismus als Gemeinschaftliches. Das Gedankenexperiment, bei dem alles allen gehört, das Private verpönt ist und den Abtrünnigen verrät. Für das auf Kuba die gesamte Bevölkerung des Landes als Soldaten rekrutiert wurde. Die Einführung der härtesten (und wirkungslosesten) Kriegswirtschaft: um für einen Staat zu requirieren, der sich zum Generalstab aufwarf. Anstrengung, Talent und Ambitionen eines ganzen Landes einzig und allein im Dienst der Konfrontation.

Oder lag das Konfiszieren an sich schon in der Natur der kubanischen Revolution? Weil sie – der Philosophie des Bolschewismus gemäß – die Ansicht vertritt, daß »jedes Eigentum Diebstahl« und »Gestohlenes stehlen« kein Stehlen ist.

Jedenfalls ging man die Angelegenheit des Marxismus-Leninismus ohne theoretischen Tiefgang an, verhedderte sich niemals in Feinheiten, war entschlossen, Bilder neu zu konfigurieren, Ansätze neu zu überdenken, ein feuerfester Pragmatismus: nur, was der Front dienlich ist. In diesem Sinne.

Das Land als Militärposten, als Heer auf dem Feldzug. »Produktionseinheiten«, »die Agrarfront«, dieser naive, rührende Militärjargon. Wie die Kinder.

Und als nette Demonstration die ewige Felduniform, das triumphierende Auftreten als Kommandant, der sich selbst *Comandante* tauft. Ist das etwa ein Erwachsener bei

Verstand? Wie diese Freunde, die jeder kennt, ganz wild nach allem Militärischen, nach der Weste mit den vielen Taschen. So ein Schwachkopf, nicht wahr?, sagen wir zu unserer Frau, bevor wir das Licht ausmachen und schlafen: Der hat sie nicht mehr alle, keine Frage.

Miami

Miami und sein eklatanter Mißerfolg an der Medienfront. Denn es hat der Welt während der über vierzig Jahre seines Exils nicht erklären können, worin seine Tragödie besteht (denn eine Tragödie ist es, von welcher Seite man es auch betrachten mag): Wie man so viele ihres ganzen Besitzes beraubt und in Massen vertrieben hatte wie sonst keine Mittelklasse, kein Bürgertum in Lateinamerika, wie man ihnen keine Wahl gelassen, sie fälschlich denunziert, angeblich als Agenten im Dienst der amerikanischen Vorherrschaft auf Kuba »demaskiert« hatte.
Denn bei einem solchen Wagestück wie dem, die Vereinigten Staaten herauszufordern, was spielte es da für eine Rolle, daß Millionen (ja einem ganzen Land) ein Recht verweigert wurde, das überall in der westlichen Welt als unveräußerlich galt, das Recht auf Eigentum? Was spielte

es für eine Rolle, wo sie doch Agenten der Vereinigten Staaten waren, *gusanos*, dies schreckliche Wort aus dem terroristischen Wörterbuch der Sprache?

(Wenn ich von »Miami« spreche, muß man dies immer als symbolische Vereinfachung verstehen. Miami ist vielerlei, umfaßt ein breites Spektrum politischer Meinungen, von den radikalsten, fanatischsten – die allgemein bekannte, sichtbarste Tendenz – bis hin zum anderen Extrem des Versöhnlichen, Pazifistischen. Aber wie auch auf der Gegnerseite das »Unabhängigkeitsstreben« einzig von der extremsten Ausrichtung repräsentiert wird, dem Fidelismus, steht Miamis »Extremismus« für das Gesicht des Exils. Außerdem erstreckt sich Miami heute über die ganze Welt. Es umfaßt – mal mehr, mal weniger – meine Freunde in Mexiko, meinen Bruder in Argentinien, meine Exfreundin in Athen, all diejenigen, die die kubanische Revolution, während sie sich im Laufe der Jahre »festigte«, aus den verschiedensten Gründen dazu zwang, ins Exil zu gehen, das Meer zwischen sich und Kuba zu schieben.)

»Miamis« größte Schlappe an der Medienfront besteht also in seiner Unfähigkeit, der Welt zu erklären, daß es gar nicht um das Eigentum im großen Maßstab ging, um den Großgrundbesitz, dieses reale Geschwür Lateinamerikas. Und an dessen Beschlagnahme die überaus nationalistische, patriotische Mittelklasse selbst teilnahm, anfangs noch überzeugt, daß es ein korrektes Vorgehen war, daß man der Oligarchie, diesen abgehobenen, feindlich gesinnten Landesverrätern, Zügel anlegen mußte.

Darin lag ihre Schuld, ihr Irrtum! Denn das Messer kam immer näher heran, erreichte auch sie, so daß sie ebenfalls operativ entfernt wurden wie ein abscheuliches Geschwür. Einerlei, daß sie das kräftigste, ökonomisch gesündeste Glied des Landes waren. Nein, sie wurden als untauglich und ersetzbar abgestempelt. Diesem voluntaristischen Materialismus entsprechend, der die Menschen nur als statistische Größe sieht: Wir hatten soundso viele Ärzte, soundso viele Lehrer, soundso viele was auch immer. Sie zogen es vor, nach Amerika zu fliehen (und erklärten nicht, weshalb und wie man sie dazu getrieben hatte). Und all diese (landesverräterischen) Ärzte, all diese (kleinbürgerlichen) Lehrer, all diese (durch und durch kraftlosen) Intellektuellen ersetzten wir in einigen Jahren durch Ärzte, Lehrer und Intellektuelle eigener Ernte, wahre Kubaner, bedingungslose Revolutionäre, bessere Menschen.

Das kubanische Exil hat so eklatant vor den Medien versagt, weil es nicht die Hintergründe, die Tragweite und das Unheil dieser Tragödie aufgezeigt hat. Wie ist es möglich, daß ihnen das nicht gelungen ist? Daß sie sich all die Jahre kein Gehör verschafften, keine Strategie entwarfen, mit der sie sich hätten erklären können? Daß sie sich immer für die entgegengesetzte Strategie entschieden?

Darüber würde ich gern diskutieren, aber nicht hier, weiter vorne (wenn wir an der Ampel vorbei sind).

Das fröhliche Konfiszieren

Die kubanische Revolution fegte die Spitze der Pyramide leer, schaffte oben Platz und füllte ihn in nervöser Hast mit Heeren von Zweitbesetzungen auf, mit jungen Leuten aus der Provinz, mit Intellektuellen aus ärmlichen Verhältnissen, die in den Ereignissen einen fraglosen Akt der Gerechtigkeit sahen: die von der Vorsehung geschickte Gelegenheit, mehrere Stufen, mehrere Jahre zu überspringen, die Lücken in der Hierarchie zu füllen, die durch den gezwungenen Auszug der bisherigen Elite entstanden waren.

Die Möglichkeit, in der Hauptstadt Karriere zu machen, in nun unbesetzten Ministerien Ämter einzunehmen, die sonst anderes erforderten: jahrelange Winkelzüge und einen mühsamen Aufstieg. Da wurde so mancher vom

enthusiastischen Agitator zum beteiligten Komplizen, wachte seitdem argwöhnisch über die mögliche Rückkehr der Vertriebenen und beäugte all ihre Bewegungen, ihr Verlangen nach Rückgabe mit einer natürlichen, mehr als verständlichen Furcht. So mancher war in diesen Jahren aufgestiegen, hatte sich einen Platz ergattert. Ebenso meine Eltern ...

Und erst die Häuser! Das unsere, in dem ich meine frühe Kindheit verbrachte, offen gesagt, ein Palast: sieben Bäder!

Da muß ich noch heute verwundert stutzen: sieben Bäder! (Und ich erinnere mich an jedes einzelne.) Und die Bibliothek im verglasten Wohnzimmer! Die freischwebende Treppe aus Marmor und Granit! Das Haus so groß und gut geschnitten, daß man es ein paar Jahre später von meinem Vater einforderte, um eine kleine Poliklinik darin zu errichten. Und wir zogen in ein anderes um, nicht etwa kleiner, ebenfalls riesig, der endlose Gang, in dem meine Geschwister und ich Rollschuh liefen, geräumige, helle Zimmer mit großen Vasen aus echtem chinesischen Porzellan.

Möbliert mit Antiquitäten, dekoriert mit Gemälden, die man beim Bürgertum konfisziert hatte und die in mehreren Lagern überall in der Stadt erhältlich waren. Wo man nach Belieben auswählen konnte: das Klavier fürs Wohnzimmer, das Ölgemälde eines fremden Vorfahren, Bronzefiguren ... Jahre später war ich zu Besuch in einem Haus, das besonders eifrig aus diesen Lagern bestückt worden war, und begriff die Bescheidenheit, die Zurückhaltung meiner Eltern: nur das Nötigste. Ein Hauch mehr bei meiner Mutter: die Porzellanvasen und das Bakkarat, für das sie in ihrer Jugend eine Schwäche gehabt haben muß.

Das Herrenhaus, in dem ich meine Kindheit »wie ein Bürgersohn« verbrachte, wenn ich es meinem Vater auch nie verzieh, daß er kein Haus mit Swimmingpool genommen

hatte. An diesem Punkt begehrten wir immer auf, wenn er uns erzählte, wie er sich ein Haus aussuchen gegangen war, in Begleitung eines Soldaten mit einem Schlüsselbund, und wie er sich für das entschieden hatte, in dem wir wohnten, nachdem er mehrere mit Swimmingpool verworfen hatte, aus Angst, wir könnten ertrinken.
Die Tränen sprangen uns in die Augen, soviel Ungeschick war uns unbegreiflich ... Allerdings gewaltig und schön, das Haus, in dem ich meine Kindheit verbrachte. Das reiche Viertel, in dem wir wohnten, das noch spektakulärere

Haus an der Ecke, eigentlich die Villa eines ehemaligen Großgrundbesitzers, dessen beste Freunde mein Vater und meine Mutter wurden. In diesem prächtigen Vorort

mit den riesigen »kalifornischen« Häusern standen meine Eltern, dies junge, enthusiastische Paar, inmitten all der konfiszierten Familien für die Konfiszierer.
Ich begreife Miamis Kummer (nur eine Redewendung, das mit »Miami« habe ich bereits erklärt), den Kummer über die vorzüglichen Häuser, die sie zurückließen, und mein Gewissen schlägt, weil ich in einem davon gewohnt habe. Die ganze Zeit über. Auch bei den Erzählungen Miguels, des Gärtners, den wir geerbt hatten, für den baumreichen Garten und den riesengroßen Innenhof. Er mußte meinen Eltern wohl nach ihrem Einzug angeboten haben, sich um die Beete und den Rasen zu kümmern.
Er arbeitete bis ins hohe Alter bei uns und erzählte mir zwanzig Jahre später (mehr noch!), bevor die Eigentümer nach Frankreich gefahren seien, hätten sie ihn gebeten: »Sorgen Sie für den Garten, Miguel, bald sind wir zurück!« Und das sagte er nicht spöttisch oder belustigt, sondern in einem Ton der Verblüffung. Wie letzten Endes alles gekommen war: einfach unglaublich.

Fidel Castros Triumph

Fidel Castros Triumph war gewaltig, absolut, durchschlagend, überwältigend, fraglos. In dem, was er sich vorgenommen hatte: die USA als unversöhnlichen Feind der kubanischen Nation zu denunzieren.

Denn wenn auch Kubas politische Unterordnung, seine Abhängigkeit von den USA, die sich in das politische und wirtschaftliche Leben Kubas einmischten, das größte Problem der Republik in den ersten fünf Jahrzehnten ihrer Existenz dargestellt hatte, war es erst Fidel Castro gelungen, Amerika erfolgreich in die öffentliche Arena zu zerren, und dies tat er voll Dramatik und Polemik, offen und mitreißend, ein authentischer Protestschrei, ein Manöver, das überaus elegant ausgeführt wurde, meisterlich in der Medienwirkung, beispielhaft in der Symbolik.

Genau das haben all die nicht erkannt, die ihn zu bekämpfen, zu stürzen versuchten. Die sich jahrelang eifrig bemühten, ihn abzuschießen, und ihn doch nie ins Visier bekamen, da sie immer auf einen Punkt zielten, der weitab von seinem wahren Sieg lag. Und sie blieben erfolglos.

Sie wollten die Übel eines Regimes aufzeigen, die Härte eines Systems, die inakzeptablen Methoden, die die vielen Revolutionsanhänger jedoch als unverzichtbar für den globalen Kampf ansahen, und ihrer Ansicht nach diktierte ihm all die Einschränkungen nicht etwa ein schlechtes Herz (das liebenswert ist, verständnisvoll und gut etc., wie seinen endlosen Reden zu entnehmen), sondern die eiserne Logik der Konfrontation.

Ganz wie der General, der weiß, daß er am nächsten Tag kaltblütig zehntausend junge Soldaten bei der Offensive in den Tod schicken wird, darum jedoch nicht innehält, weil das Schicksal (und das Überleben) der Nation selbst auf dem Spiel stehen.
Das Kapital seines Triumphs war so gewaltig, wurde Jahr um Jahr so gut verwaltet, daß erst eine empfindlich lange Zeit vergehen, sein politischer Hauptverbündeter ausfallen, er selbst überraschend altern und die Doktrin in völligen Mißkredit geraten mußte, damit überhaupt eine Abwärtstendenz sichtbar wurde. Und der Verlust bleibt gering.
Das heißt, bis in die jüngste Zeit kaum eine Wertminderung. Der unwiderlegbare Beweis: seine fraglose Popularität unter den Taxifahrern, wie hier zur Genüge demonstriert. Seine unglaubliche Präsenz im kollektiven Bewußtsein, seine brillant behauptete Rolle als Geißel und Stachel im Fleisch. Ein Bild, das, wie ich fürchte, niemals an Kraft verlieren wird, ganz im Gegenteil, man wird sehen: Rasch wird er ins Legendenhafte entwachsen, dem momentan nur noch – ein wenig ärgerlich – seine beneidenswerte Langlebigkeit im Wege steht.
Ich weiß nicht wie und weshalb ein politischer Führer unzufrieden sein sollte, der soviel erreicht hat, während so vieler Jahre. In dieser Hinsicht ist Fidel Castro ein großer, einzigartiger Politiker (aber auch ein schrecklicher, einseitiger, sichtlich begrenzter, ein gewiefter Kerl, ein Demagoge und eitler Marktschreier).

Die Solidarität in aller Welt und ihre Erklärung

Der Mythos

Die meisterlichste Fiktion, die mitreißendste Fortsetzungsgeschichte, vergleichbar den beiden anderen des amerikanischen Kontinents: der von der Conquista oder der vom üppigen Eldorado. Von ebensolcher Vollendung, ebensolchem Kaliber.

Eine Art Heldenlied, in dem die Bösen nicht böser, die Guten nicht besser sein könnten, der Handlungsverlauf ein wenig primitiv ist, jedoch vorzüglich dem Zeitgeschmack entspricht: ein Aufstand gegen die Erwachsenen, bei dem sich die jungen Leute (aus der Karibik, doch einerlei) gegen die Älteren auflehnen (die Vereinigten Staaten, äußerst wichtig). Direkt vernetzt mit den Großstädten Europas: die Symbolik des jungen Menschen, der sein Elternhaus verläßt, ganz im Sinn der Hippielager unter freiem Himmel, ein Vorgriff auf das Aufbegehren von 68 oder, besser gesagt, eine seiner geheimen Triebkräfte.

Wen die bedingungslose Loyalität so vieler lateinamerikanischer Intellektueller, so vieler begnadeter Schriftsteller gegenüber Fidel Castro erstaunt, dem kann ich sie erklären. Sie sehen ihn als das, was er ist: als den größten aller Geschichtenerzähler, als einen erstaunlichen Autor von einzigartiger öffentlicher Präsenz, dessen berühmte Reden nichts anderes sind als ein Teil – und der wesentlichste – seiner Performance. Diese Schriftsteller wissen, daß er ihnen nicht nachsteht: Mit der Vertreibung des Provinzialismus aus der Politik entdeckte er eine Strategie, sich einen festen Platz in der Weltliteratur (oder der kollektiven Fiktion) zu verschaffen.

Vielleicht täusche ich mich, und mir dröhnt schon mehr als eine Stimme im Ohr (im Wohnzimmer eines Freundes in Paris, in einer Stockholmer Küche), die mich – nach guter Inselsitte – laut schreiend zum Schweigen bringt.
Ich würde sie schreien lassen, bis sie heiser sind.
Würde warten und sogleich den Faden meiner Worte aufnehmen, zu Ende spinnen: Mühelos läßt sich Fidel Castro (der abscheuliche, schreckliche Doktor Fidel Castro) als großer Künstler sehen, als jemand, der das mythische Potential erkannt hat, das in der Konfrontation eines kleinen Landes mit einem Imperium steckt, und der es hat auf die Bühne bringen und inszenieren können (unter Mitwirkung der Vereinigten Staaten in der Rolle des gewalttätigen Kolosses), diesen Aufstand, der so viele Sympathien geweckt hat.
Dies ist vielleicht auch der Grund für seine Popularität in den Vereinigten Staaten selbst, den man dort intuitiv begriffen oder erahnt hat, gemäß der hübschen, zutiefst amerikanischen Tradition des Staatsbürgers, der seiner Regierung in den Arm fällt.
Sie sehen das Kuba vor 1959 als ein amerikanisches Territorium, in dem die Regierung der USA zu weit gegangen ist.
Sie verzeihen ihm – und mit ihnen die gesamte Welt –, daß er ein ganzes Land in Haft genommen hat, verzeihen ihm dessen Verarmung, dessen elendes Leben, alles um einer Konfrontation willen, die sie für ihre eigenen Länder als zu kostspielig ansehen und verdammen würden, da bei ihnen die öffentliche Meinung nicht unter dem Vorwand eines ewigen Ausnahmezustands geknebelt ist und nicht als Landesverrat gebrandmarkt wird.

Und welch gewaltige Begeisterung hat die kubanische Revolution erst in Lateinamerika ausgelöst, ebenfalls geschürt von diesem schrecklichen Haß, dem eingefleischten

Antiamerikanismus. Denn erschreckend und unerklärlich ist der Erfolg der Vereinigten Staaten für das leicht magische Bewußtsein der Lateinamerikaner, für die es nur Beute und Raub gibt und die sich nur so den Wohlstand und das amerikanische Wunder erklären können.
Und gibt es nicht auch in ganz Europa dies Mißbehagen gegenüber Amerika, weshalb man sich dort freut, wenn es ein raffinierter junger Kerl »in Schwierigkeiten« bringt, mit unmöglichen Manieren, mag sein, aber ausgezeichnet in der Rolle des Anklägers, des Stachels im Fleisch?

Nach Kuba reisen und den Mythos auffrischen

Oder wie diese älteren Herren, die partout nicht auf die eingebildeten Trophäen ihrer fernen Jugend verzichten wollen: auf den entsetzlichen Haarschnitt, die T-Shirts, aus denen die schlaffen Arme der Sechzigjährigen ragen. Immer noch reisen sie auf die Insel, die wieder zum Mekka des Revolutionstourismus geworden ist. Die gutgemeinten Reiseberichte, die sie danach zu Papier bringen und damit nur noch mehr Verwirrung stiften, so daß kein Argument, kein Buch (dieses eingeschlossen), so ausführlich es sein mag, ihrer noch Herr werden könnte. Ein Klischee nach dem anderen, in unendlicher Folge. Festgefahren in der Nostalgie der guten alten Zeit, da die Revolution triumphierte. Und wie sollte der ganzen Welt, der heutigen Jugend diese Musik der Sechziger auch nicht gefallen, »so frisch, so originell«? Wie sollte man sie nicht dem Schrekken von heute vorziehen?

Das Verlockende des Wachsobstes auf der Bühne (vom Parkett aus), das überdimensionale Brot aus Pappmaché. Und der Schrecken derer, die entdecken, daß sie in einer endlosen Theateraufführung leben, die drückende Existenz im Rampenlicht. Die pausenlose Bühnenpräsenz, die sich all die vielen Besucher nie vor Augen führen, all die rührenden Menschen, die unablässig von der »menschlichsten aller Erfahrungen« schwärmen und sich dem Offensichtlichen verschließen. Ihre Berichte weitab von der Realität, die sich jedoch genausowenig beweisen läßt wie die Nichtexistenz Gottes.

Sie sehen nur und wollen nur sehen, was sie erzählen. Von mir aus. Sie schwören, daß sie aufrichtig und objektiv sind. Ich glaube ihnen. Ein Reich der Gleichheit und der sozia-

len Gerechtigkeit. Wenn sie so wollen. Sie brauchen eine Fiktion, einen Mythos, der sie aufrecht hält. Wie soll man, wiederhole ich, Beweise gegen ein Werk der Fiktion erbringen? Denn über nichts anderes sprechen sie. Nichts anderes sehen und genießen sie. Und im Grunde ist es ihr gutes Recht. Im Grunde sagen sie die Wahrheit.

Der Mythos der siegreichen Guerrilla

All die Mythen, die man entlarven müßte und die sich doch der hartnäckigsten Analyse widersetzen, rollen unversehrt und unbeirrt durch die Welt, von Großstadt zu Großstadt, von Taxi zu Taxi.

Der verheerende Mythos von der siegreichen Guerrilla. Das Wuchern lateinamerikanischer Guerrillas, festgefahren in langjährigen Kriegen, und die Verblüffung angesichts all der (korrupten) Regimes, die sich weigern, mit der scheinbaren Leichtigkeit (ein »Kinderspiel« von zwei Jahren) in die Knie zu gehen, mit der in Kuba das von Batista fiel. Die werbewirksam verbreitete Fiktion vom jungen Aufständischen, der den »Repräsentanten und Verteidiger amerikanischer Interessen auf Kuba« am Ende »stürzt«. Ich setze »stürzen« in Anführungszeichen, weil es gar keinen militärischen Triumph gab, keinen erfolgreichen Feldzug, keine vernichtende Niederlage. Statt dessen eine äußerst schlechte Presse (die damals nicht geknebelt war, wie sie es später sein sollte, wie sie es heute bedauerlicherweise ist) und vor allem eine tektonische Verschiebung, die einmal mehr für das außerordentliche Gewicht der Vereinigten Staaten in den Angelegenheiten Kubas sprach, denn alles geriet ins Wanken, als sie beschlossen, ihren starken Mann in Havanna fallenzulassen. Dem man durch den Botschafter Smith oder Jones – oder wie er gerade hieß – mitteilen ließ, daß das State Department ihn nicht mehr auf dem Posten haben wollte. So einfach.

Ein Irrtum, den Fulgencio Batista erbittert kritisiert haben muß, weil die Amerikaner nicht begriffen, daß der

Kampf in Wahrheit gegen sie ging, denn indem ihr Mann aus dem Spiel genommen wurde und auf diese Weise dazu (mittels einer bekannten Methode, eines Waffenembargos 1958, eines »guten« Embargos noch vor dem heutigen »bösen«), gab man zugleich die erste Verteidigungslinie auf.

Ich bin mir nicht sicher und habe niemals eine Untersuchung in dieser Richtung gelesen, die meine Annahme belegen könnte, aber meiner Ansicht nach war auch Batista ebenso wie Fidel Castro ein amerikanischer Politiker, jemand, der das Spiel der Anziehungskräfte in der kubanischen Politik nicht weniger durchschaut hatte als das junge Genie. Deshalb gab Batista ohne größeren Widerstand einen Krieg auf, der auf militärischem Gebiet keineswegs verloren war und es auch nie gewesen wäre, hätte er eine stärkere, rückhaltlose Unterstützung von den Vereinigten Staaten erfahren. Zumindest hätten sie intervenieren müssen, um den militärischen »Sieg«, den »triumphalen Einzug« des »Rebellenheeres« (damals nicht mehr als zweitausend Mann) zu verhindern.

Eine Lösung, wie sich später gewiß die Verständigeren oft vorgehalten haben, wäre ein Spiel über drei Banden gewesen: einen Gegenaufstand anzetteln, dem verhaßten Diktator weitere Unterstützung verweigern und einen Konsenskandidaten aufbauen.

Etwas in dieser Art wurde versucht, aber viel zu spät und viel zu ungeschickt.

Ernesto Guevara Lynch

In diesem unterschwelligen Wettkampf, den die beiden Kolosse oder Atlanten der kubanischen Revolution – Ernesto Guevara und der raffinierte Fidel Castro – all die Jahre ausgefochten haben, hat der erste eindeutig und haushoch gewonnen. Seine Figur ist größer, vollendeter: ewig jung, ewig gerechtigkeitsliebend und ewig ... unverantwortlich.

Wo Fidel Castro täglich sein ehemals unerschöpfliches Kapital bei den Medien schwinden sieht, blieb das des Che im wesentlichen unangetastet, ohne daß irgend etwas, ob Enthüllungen, ausführliche Memoiren oder neue Biographien ihm in irgendeiner Weise schaden könnten. Allerdings ist Fidel Castro mehr an der Gegenwart interessiert und sah den Che von Herzen gern sterben (oder ließ ihn sterben oder schickte ihn in den Tod, einerlei, welche der drei Versionen), und es hat ihm nichts ausgemacht, daß er diesen Weltruhm erlangt hat und zur Ikone des Märtyrers auf dem Altar der Weltrevolution wurde.

Diese Aura des Engels, die begierig ausgebeutet wird von einer Ikonographie à la Hollywood!, das heißt von ebendem Establishment, das er in die Luft sprengen wollte und dessen Untergang er so leidenschaftlich betrieben hatte.

Es ist erstaunlich, wie widersinnig und kurzsichtig so viele einen »frühen« Ernesto Guevara verherrlichen, einen arglosen, fröhlichen. Aber war nicht jeder Massenmörder, jeder Henker in seiner Jugend ebenso?

Beim Erwachsenen jedoch liegt auf der Hand: ein engstirniger, dogmatischer Mensch, der zur intellektuellen Vereinfachung neigte. Wenn auch, das gebe ich zu, ein disziplinierter, der sogar mitten im bolivianischen Urwald und von Asthmaanfällen gequält, die seine Biographen als schrecklich schildern, ein minutiöses Feldtagebuch führte, in dem so manches den guten Schriftsteller verrät, Überlegungen, die jeden intellektuell Gebildeten interessieren müssen.

Jemand, mit dem ich mich beim ersten Kennenlernen anfreunden, den ich eine Woche später anrufen würde, überzeugt, daß wir gute Freunde werden können, und mehrmals kämen wir zusammen, bis ich schließlich überrascht begreifen würde: ein ganz anderer Mensch, bereit zu töten (buchstäblich).

Der von der schrecklichen Gewalt der Revolution am meisten überzeugt war, sie am wenigsten bereute. Wie viele er, sagt man, getötet hat oder in der Festung La Cabaña erschießen ließ oder wo auch immer.

Und ich würde mir schwören, kein Wort mehr mit ihm zu wechseln, nie mehr. Dann, zwei Tage später, würde ich wieder anrufen, ihn wieder in einem Café treffen, Stunden über Stunden mit ihm verbringen, fasziniert von seiner Unterhaltung, würde Bier mit ihm trinken, froh, einen Freund zu haben, jemanden, mit dem ich in einer fremden Stadt reden kann, den ich jedoch argwöhnisch beobachten würde, sobald er seine andere Seite zeigte, seinen stahlharten, grausamen Kern.

Das würde uns voneinander entfernen, wie es heute all die Anekdoten über die Härte gegenüber seiner Familie tun, die vielen Beweise seines unbestechlichen Charakters, wie sie die Memoiren all jener füllen, die ihn gekannt haben, und die dort als ein *positiver* Zug angeführt werden, mich jedoch zurückschrecken lassen, voll Entsetzen. Aber dann die bezaubernde Geschichte – ebenfalls in den Memoiren eines engen Weggefährten – von einem Guerrillero in Bolivien (denn er hatte die Konsequenz und Eleganz, die Wahrheiten umzusetzen, die er in seinen Büchern verkündete, und so starb er dort wie ein Dummkopf, der als Dummkopf an die eigenen Theorien glaubte), wie er in den letzten Monaten seines Lebens bis über beide Ohren in eine Guerrillakämpferin, in Tamara Bunke, verliebt gewesen war, ein Mann wie jeder andere.

Das zeigt ihn mir in einem anderen Licht. Offenbart mir, daß die letzten Bewegungen seiner Guerrilla nicht dem Gebot der absoluten Notwendigkeit gehorchten und keine Ausweichmanöver vor den feindlichen Verfolgern darstellten, sondern die zittrige Handschrift eines verliebten Mannes trugen. Verliebt in Tania, der er durch den Urwald folgte. In meinen Augen spricht ihn dies frei, diese menschliche Schwäche. Und seine Angst, als man ihn töten wollte, ihn, der selbst soviel getötet hatte!, und er sich zu erkennen gab und so etwas sagte wie: »Tötet mich nicht, ich bin der Che!« Dann faßte er sich wieder, begriff, daß so, auf diese Weise.

Wer bin ich und weshalb fahre ich in diesem Taxi?

Wer bin ich und weshalb fahre ich in diesem Taxi? Ich bin, könnte ich sagen und dabei mehr als eine Augenbraue hochziehen, ich bin die Frucht der kubanischen Revolution, ein Sohn, wie er echter nicht sein könnte, bin jemand, der ohne das Ereignis, das ich in diesem Buch zu erläutern versuche, niemals auf die Welt gekommen wäre (meine Eltern sahen sich in der Lage, zwei weitere Kinder zu bekommen, meine Schwester und mich, so leicht erschien ihnen alles im Wohlstand der ersten Jahre).

Ein Musterkind, das, während das Land seinen Krieg führte, in seinen eigenen zähen Kampf mit Czerny verwickelt war, mit den chromatischen Tonleitern und Bela Bartoks Etüden für vier Hände, all die langen Stunden am Klavier, das ich lernen sollte, weil meine Mutter selbst diesen Kindheitstraum gehabt hatte. Ein Sohn der Revolution, der verbissen den kleinbürgerlichen Traum einer herrschaftlichen Kindheit mit Klavier- und Fechtstunden verwirklicht. Später, als feststand, daß aus mir niemals ein Klaviervirtuose werden würde, besuchte ich die beste Schule im Land, ein kubanisches Eton (damit man in England versteht, was ich meine). Eine Schule mit dem netten, beschwörenden Namen Wladimir Iljitsch Lenin, Führer der Weltrevolution. Wo ich mich in der anspruchsvollen Atmosphäre eines hohen Bildungsniveaus – ohne jede Ironie – im letzten Schuljahr entschloß, Informatik zu studieren, und ich mich dazu auf die ungewöhnlichste aller Reisen begeben mußte, die mein Leben von Grund auf verändern sollte: nach Rußland. Eine lange Schiffsreise, die mir jedesmal, wenn ich daran denke, noch phantastischer, noch unwahrscheinlicher vorkommt: einundzwanzig Tage von der Karibik bis zum Schwarzen Meer, dann eine lange Woche im Zug, bis in die tiefsten Tiefen des sowjetischen Territoriums, zu einer seiner hintersten Stellungen, einer Stadt, zweitausend (!) Kilometer vom an sich schon fernen Moskau entfernt.

Mein Erstaunen angesichts der leuchtend rot gefärbten Blätter an dem Nachmittag im Spätsommer, als ich in der Stadt eintraf, in der ich fünf Winter (fünf harte Winter) erleben sollte und wo ich, unvermutet für ein Kind der Tropen, lernte, anhand der Eisblumen am Fenster mühelos zu erraten, wieviel Grad unter Null draußen. Im ersten Jahr wollte ich fortgehen, war oft drauf und dran, und bereue es nicht, geblieben zu sein, nachdem ich mein Studium beendet hatte und das Leben eines ganzen Landes in mich aufsog, das bloß ein politischer Verbündeter des meinen war, ein (buchstäblich) kalter politischer Verbündeter, und das ich in mein Herz schloß, dessen Literatur ich so gut kennen-, so sehr liebenlernte wie die Literatur meines eigenen Landes.

Das erwähne ich oder müßte es dem Taxifahrer erklären, weil es für etwas Bestimmtes steht: für das ungewohnte

Leben, die vollkommen neue (und exotische) Welt, in die die kubanische Revolution ein ganzes Land verpflanzt hatte (und mich mit ihm). Ob es uns gefällt oder nicht. Die unwahrscheinliche Frucht der kubanischen Revolution, das Abwegige eines Schicksals, dem ich nicht nur nicht abschwöre, sondern das ich als ein großes Glück empfinde: jene ferne Stadt, die harten Winter, die tiefste, radikalste Erfahrung.

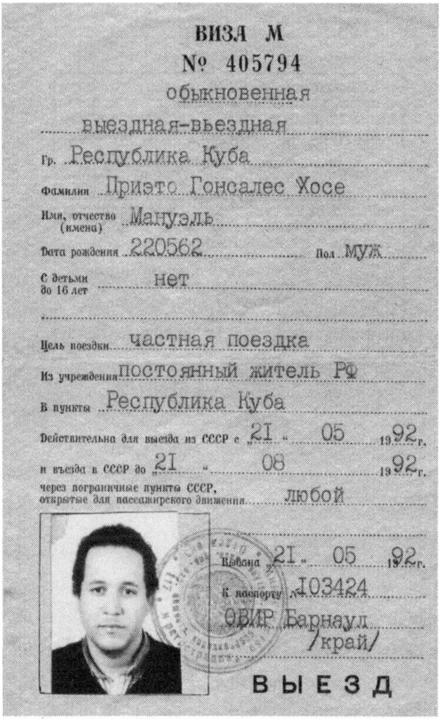

ВИЗА М
№ 405794
обыкновенная
выездная-въездная
Гр. Республика Куба
Фамилия Приэто Гонсалес Хосе
Имя, отчество (имена) Мануэль
Дата рождения 220562 Пол МУЖ
С детьми до 16 лет нет
Цель поездки частная поездка
Из учреждения постоянный житель РФ
В пункты Республика Куба
Действительна для выезда из СССР с „21" 05 1992 г.
и въезда в СССР до „21" 08 1992 г.
через пограничные пункты СССР, открытые для пассажирского движения любой
Выдана „21" 05 1992 г.
К паспорту № 103424
ОВИР Барнаул /край/
ВЫЕЗД

Gruppenbild

Hätte ich mein Land nicht verlassen, mich nicht gegen die Rückkehr entschieden, dann hätte ich all die Jahre auf Kuba gelebt, sehr wahrscheinlich in Havanna. Der Stadt, in der immer noch einige der Mädchen leben, in die ich verliebt gewesen bin, im Alter von sechzehn Jahren, etwa die, an deren Haus ich vorüberging und nicht zu klingeln wagte, weil vielleicht nicht sie an der Tür, sondern ihr einschüchternder Vater. Und die ich, der ich in der Ferne lebte, niemals wiedergesehen habe, nicht die Freude erfuhr, sie eines Tages bei einem Spaziergang zu treffen. Mit vielen Kindern, und wir würden stehenbleiben und über unsere Jugend reden, über meine lächerliche Furcht vor ihrem Vater, würden einen kurzen Blick auf das Leben werfen, das hätte sein können.

Immer wenn ich heute an meine Freunde denke, an meine Generation, wird mir bewußt, daß viele das gleiche Schicksal teilen. Die wir damals (Anfang der Achtziger) die ersten Schreibversuche austauschten, die getippten Blätter einer Erzählung. Unmöglich, uns heute an einem Punkt zu versammeln. Nur dieses Buch führt sie zusammen, nur hier verschmelzen die Kulissen all der Städte, in denen sie leben, in denen ich viele von ihnen besucht habe und in denen wir unweigerlich, bis es Tag wird draußen, über dieses Thema reden, die kubanische Revolution. Und wir versuchen, uns auf die Zehenspitzen zu stellen, einen Blick in die Zukunft zu werfen, die Mauer der Jahre zu durchbohren, Klarheit darüber zu erlangen, wohin die kubanische Revolution unterwegs ist (und unser eigenes Leben).

Die Fotos, die ich auf meinen PC spiele und verblüfft am Bildschirm durchklicke. Memorabilien eines ganzen Lebens im Kraftfeld eines so großen, aufwühlenden

Ereignisses: der kubanischen Revolution. Momentaufnahmen dieser Jahre, unzusammenhängende Bilder, die nur meine Erinnerung verbindet. Die meisten von ihnen aus so entfernten Städten wie Wien und Barcelona (und ich werde mich keine Sekunde mit der Erklärung aufhalten, was für hervorragende Menschen sie zeigen, intelligent, einfühlsam, viele von ihnen vorzügliche Le-

ser, von vielen Büchern pro Woche, die sich Gedanken machen).
Was mich dazu führt, vom eklatanten Scheitern des Doktors Fidel Castro zu sprechen.

Fidel Castros eklatantes Scheitern

Berücksichtigt man den hohen Preis seines »Triumphs« und schaut sich die offenkundige Katastrophe an, berücksichtigt man den erbärmlichen Zustand, in den er das Land gebracht hat, die chronische Unterversorgung, die fast an Bedürftigkeit grenzt, berücksichtigt man die erschrekkende Spaltung der Nation, die unendlich große Diaspora, müßte ich vom eklatanten Scheitern des Doktors Fidel Castro (und der kubanischen Revolution) sprechen.

Für jeden ersichtlich, wie weit man sich von den vorgegebenen Ideen entfernt hat, nämlich die Wirtschaft auszubauen, den Lebensstandard zu erhöhen, Kuba in all das zu verwandeln, was es nacheinander hat sein wollen, ohne es je zu erreichen: eine »medizinische Macht« (lächerlich: eine »medizinische Macht«, was soll das sein?), eine Agrarmacht und so weiter und so fort. Weshalb sich die Frage aufdrängt: Was war die ursprüngliche Idee, was hatte er sich zum Ziel gesetzt? Vielleicht läßt es sich aus seinen vielen erschöpfenden (und naiven) Reden herausklauben. Rechnete er damit, das Land aus der Unterentwicklung zu holen, sagen wir, 1975 oder 1980, oder zumindest aus der Krise, in die es doch die verkündete Konfrontation mit den Vereinigten Staaten unweigerlich stürzen mußte?

Falls er damit gerechnet hatte, ist es anders gekommen. Jahr um Jahr nichts als tiefstes Elend, unerträglicher Mangel, chronische Unterversorgung, all dies die unveränderliche Kulisse für eine Bevölkerung, die höchste Not leidet. Und deshalb – welche Gründe er auch immer vorbringen mag, angefangen, versteht sich, beim nordamerikanischen

Embargo – ist die kubanische Revolution ein eklatanter Mißerfolg.
Offen gestanden glaube ich nicht, daß er das anders sehen könnte.
Noch einmal: Nur bei den Gründen mögen unseren Ansichten auseinandergehen. Verblendung, unmenschlicher Ehrgeiz, lähmender Bolschewismus und, ja, auch das, die Ungeschicklichkeit der Vereinigten Staaten von meiner Perspektive aus, wo er zweifellos Verschwörungen sieht, Ränke, Pech und, ja, auch das, die Ungeschicklichkeit der Vereinigten Staaten.
Und wenn dies ein Krieg ist (geben wir das von mir aus zu), dann haben wir es mit dem grausamen Herzen eines Generals zu tun, der es vorzieht, seine Soldaten zu opfern, anstatt ihnen eine würdige Kapitulation zu gestatten. Der Paladin, der Tag für Tag zusieht, wie seine Kriegsscharen dezimiert werden, gänzlich ungerührt und bereit, alle zu opfern, bis zum letzten Mann. Das Land ist bankrott, Tausende werfen sich zur Flucht ins Meer, das Leben entbehrt jeglicher materiellen Basis, tagtäglich nur Scheitern und Niederlage, da kann bloß ein Wahnsinniger mit einem Herzen aus Stein zusehen.
Von seinem Standpunkt aus, sage ich noch einmal, ist das sein gutes Recht, wenn er denn im Recht ist, was wir ihm einmal zugestehen und jetzt nicht hinterfragen wollen.
Aber sollte er nicht das Volk, das ihm gedient hat, lieber in Ehren verabschieden? Ihm für die Mühen danken, sich der Kinder, der Frauen erbarmen? Oder doch bis zum letzten Mann? Bis zum Ende von was? Des Embargos?
Zugegeben, die Amerikaner sollten es aufheben, entsetzlich ungeschickt in dieser Hinsicht. Aber sie haben es nicht getan. Und was noch schlimmer ist, die kubanische

Revolution ist nicht in der Lage, sie dazu zu zwingen, denn – ebenso wichtig – für die Amerikaner zählt all der Schmerz und Verlust nicht. Sie lassen sie kalt: die Kubaner, ihr Schicksal. Ihn, Fidel Castro, und sie, die kubanische Revolution, dagegen nicht, wie man annehmen sollte. Das hat er bis zum Überdruß wiederholt. Sollte er sie da nicht, sosehr es ihn schmerzen mag, sosehr es ein Scheitern wäre, aus der Pflicht entlassen, auf den »Kampf« verzichten, sie nicht zwingen, mit ihm unterzugehen?

Das neue Lumpenproletariat

Würde es mir Schwierigkeiten bereiten, das System (meiner Ansicht nach schlicht und einfach stalinistisch) begrifflich zu definieren, dann würde mir das gesellschaftliche Endprodukt auf die Sprünge helfen: eine Art enthusiastisches, bemühtes »Sowjetvolk«, auf den Hund gekommen und zum Lumpenproletariat und Schmarotzer geworden.
Sie haben sich am Ende in die gleiche Art Wesen verwandelt wie die, deren Bekanntschaft das Land zu Beginn der Sechziger machte, als die ersten russischen »Spezialisten« eintrafen und man überrascht entdeckte – niemandem konnte das entgehen –, wie plump und vulgär sie waren. So offensichtlich, daß man ein häßliches, gemeines, verächtliches Wort für sie prägte.

Und jetzt, vierzig Jahre später, sind die Kubaner selbst diese »bolos« geworden, diese »Klötze«, ein furchtbares Wort, von dem sie sich nicht hätten träumen lassen, daß es jemals sie selbst bezeichnen könnte.
Die Vulgarität im ganzen Land auf Schritt und Tritt sichtbar, bis ins kleinste. In alle Schichten hat sie sich ausgebreitet, vielleicht als eine Art Relikt aus der Zeit, in der

dies Lumpenproletariat noch die Lanzenspitze war, der Sturmbock, der die Villen des Bürgertums niederriß. Und dann saß es auf einmal auf ungewohntem Platz, besetzte im öffentlichen Leben die ihm fremden obersten Ränge. Ließ sich seine leidenschaftliche, unschätzbare Beteiligung teuer bezahlen. Und immer noch gibt es den Ton an und hat mit der Zeit Haltung und Umgangsformen eines ganzen Landes verdorben.

So weit geht es, daß viel von dem, was man heute als echt »kubanisch« ansieht, nichts als plump, halbseiden und vulgär ist, eben die ordinärste Variante des Kubanischen, nach dem Vorbild des Lumpenproletariats, das sich auf allen Ebenen durchgesetzt hat: vom schriftstellernden Funktionär, der die Welt bereist, bis zum letzten Kind, dem man schon mit fünf beibringt, zu tanzen und wild die Hüften zu verbiegen, weil das »kubanisch« ist, »volkstümlich«, »authentisch«.

Kein durch und durch vulgäres Volk, nein: ein an sich vulgäres Volk gibt es wohl nicht. Aber die lange Haft, das Kerkerleben eines ganzen Landes, wie sollte das keine tiefen Spuren hinterlassen?

Und die übertriebene Gestik, die unartikulierte Sprache, die sich am Ende durchgesetzt haben, da kein Sendegerät mehr das Signal guter Umgangsformen aussendet, denn Mittel- wie Oberschicht wurden herabgewürdigt und ausgeschaltet – eine stolz verkündete »Errungenschaft« –, die Menschen ausgestoßen, von denen man hätte lernen können, sich auf eine Weise auszudrücken, die nicht in einer naiven Karikatur das offizielle Neusprech nachahmt, die Sprache der Partei. Es tut mir in der Seele weh, wenn ich im Fernsehen mit ansehen muß, wie sie sich alle, vom Außenminister bis zum Künstler, nur mit Mühe verständlich

machen können und bei jeder Gelegenheit mit Schimpfworten um sich werfen.
Damit wird Kuba noch viele Jahre zu kämpfen haben, denn derlei prägt tiefer, als irgend jemand sich vorstellen könnte, und zu glauben, daß man einen solchen Zustand mühelos überwindet, ist ein Irrtum.
Ich weiß, es ist hart, was ich da sage, aber jemand muß es aussprechen, so schmerzlich es auch sein mag.

Schmarotzertum

Und im Sozialismus – der soviel des Feudalen und Antibürgerlichen an sich hat – träumt man am Ende den Traum vom Privatisieren, von der unbegrenzten Zeit unter einem Himmel der Muße, verachtet offen jegliche Arbeit, die gänzlich in Verruf geraten ist, denn soviel man auch tun mag, es reicht nicht zum Leben, lohnt sich nicht, in diesen Weg zu investieren.
Ein Auswuchs der sozialen Unverantwortlichkeit dessen, der nichts besitzt, der als »Verstaatlichter« lebt, selbst ein Eigentum des Staates, und der ohne die Wirbelsäule des Eigentums kein Rückgrat mehr hat. Nichts erwartet er, hat kein Ziel, dem er entgegenwachsen, kein Gewerbe, in dem er seine geistigen Fähigkeiten entfalten könnte: Er lebt von der Wohlfahrt.
So tief steckt er seinem Gefühl nach in der Falle, ist so sehr benachteiligt, daß er den Graben für unüberwindlich hält, der ihn von denen trennt, die ihm als reich erscheinen: ein ausländischer Besucher, ein Freund mit mehr Glück (im Ausland). Deshalb hält er ohne jede Hemmung die Hand auf, geht sie um »kleine Gaben« an, stürzt sich mit der Vehemenz und der schlechten Laune des Besitzlosen ins Bettlerdasein.
Dieser Aspekt meiner langen Erklärung der kubanischen Revolution läßt sich vielleicht am schwersten erfassen, ist der unsicherste, zwiespältigste Punkt, der am meisten verwirrt, am meisten deprimiert: die menschliche Katastrophe. Aber ich weiß, habe es erlebt, wie immer wieder der gute Wille, der grundlegende Fleiß der Unverdorbe-

nen (und die Hilfsbereitschaft) auf den harten Kern des Schmarotzertums und des Selbstmitleids stoßen, denn wenn man ihnen sagt: »Dann mach dich an die Arbeit«, bekommt man zur Antwort: »Wie kannst du so hartherzig sein und verstehst nicht, was ich dir erklärt habe: nur eine kleine Hilfe, in all meiner Not?« Im Grunde ist es eine Verlängerung des staatlichen Unterhalts, ein – wie soll man es sagen, ohne zu verletzen? – Almosen. Und jede Aufforderung, zu arbeiten, sich aufzuraffen: eine Beleidigung. Wo wir doch heute befreit sind, endlich der ersehnte Augenblick, nach all den Jahren des Leids!

Man wird mir kurzerhand vorwerfen (denn dieser Punkt ist hier am schwierigsten zu verfechten): nichts als üble Nachrede! Wie kannst du das behaupten? Worauf ich antworte: Es schmerzt mich doch nicht weniger als euch! Wie gern würde ich mich irren! Es ist schrecklich, und genauso empfinde ich es: als schrecklich. Kann man es anders sehen?

Wie geht man mit einem solchen Volk um?

Noch einmal: Aus welchem Grund sage ich all das? Etwa aus dem sinnlosen Grund, recht zu behalten? Ich wünschte, ich hätte nicht recht. Ich will damit Zusammenhänge entwirren, die man sonst nur den äußeren Umständen und weniger tiefgehenden Gründen zuschreiben würde. In Wirklichkeit aber: ein Land, durch und durch verdorben von der langjährigen Revolution, Opfer einer kollektiven Vergewaltigung. Man wird mich mit tausenderlei Beispielen widerlegen, alle »der Wirklichkeit entnommen«, wird Fälle von Erfolg und Unternehmergeist aufzählen, von aufrechten Kubanern in und außerhalb. Und bestimmt sind sie zutreffend (ich selbst könnte viele davon beibringen), doch widerlegen oder entwerten sie nicht mein Argument: Das Phänomen ist weit verbreitet. Im ganzen Land. Auf allen Ebenen. Ein Status quo, den man erst nach vielen Jahren wird hinter sich lassen können.
Wie soll man mit einem solchen Volk umgehen, zum Lumpenproletariat verkommen, überheblich und selbstzufrieden? So ein Volk könnte leicht handlungsunfähig und unregierbar werden, wäre da nicht die verderbliche, perverse Propaganda des Hurrapatriotismus.
Oder sprechen wir es aus: Das kubanische Volk ist zutiefst verdorben vom Nationalismus.
Eine schreckliche Behauptung, und erlauben Sie, daß ich sie erläutere. Immer wird dies Thema unter den Tisch gekehrt, ein Tabu: das schreckliche Einverständnis des kubanischen Volkes mit seinem »Folterknecht«, dem Doktor Fidel Castro. Ein unterdrücktes Volk, soviel steht fest, das

eine der längsten Diktaturen erduldet, die irgendein lateinamerikanisches Land je erlebt hat. Aber der Mann, der ihm rittlings auf den Schultern sitzt, der Schinder, den es auf dem Rücken trägt, ist nichts anderes als die Verkörperung seines eigenen Hochmuts, der Überzeugung, daß das kubanische Volk der Inbegriff des Einzigartigen und Vortrefflichen ist.
Eine Haltung, eine Tatsache, die jeder zukünftige Regierende auf Kuba wird berücksichtigen müssen. Ein Volk, das keinen Politiker akzeptieren wird, der seinen hohen Grad an Mitschuld zum Thema macht und es unvorsichtig (wie ich hier) auf sein bedauernswertes Einverständnis stößt. Er würde mit Leichtigkeit übertrumpft von einem populistischen Führer, einer barmherzigen Seele, die ihm nur dies einredet: von Grund auf gut und voll der besten Anlagen und selbstverständlich – ohne damit irgend jemandem zu nahe treten zu wollen – allen anderen Länder der Welt überlegen.

Die virtuelle Geschichte

Die Russen

Unglaublich, das wird mir jetzt bewußt, die Raffinesse der Russen. Die sie bereits unter Beweis gestellt hatten, als sie jenen Satelliten in den Kosmos schossen. Und wenige Jahre später drangen sie in die unmittelbare Umlaufbahn der Vereinigten Staaten vor und rüttelten am vermaledeiten Gesetz der Anziehungskraft, die der junge Fidel Castro so unbedingt überwinden wollte. An der Spitze der Mission ein »stiller Russe«, ein Kenner der Region, der rasch Kontakt zu den antiamerikanischen Rebellen herstellte, zu einem sehr frühen Zeitpunkt, 1959 oder 1960 (noch früher! schreien andere mit erhobenem Zeigefin-

ger, von Anfang an kommunistisch, die Revolution! Na und? natürlich kommunistisch, da sie es am Ende ohnehin wurde). Niemals, wie man vorgab, von den Vereinigten

Staaten in die Arme der Russen getrieben, wie eine unschuldige Frau. Vielmehr war sie selbst, die kubanische Revolution, daran interessiert, sich dem neuen Liebhaber hinzugeben: die Vorliebe meines Landes, der Insel Kuba, für stämmige, blonde Männer.

Aus den Armen des einen Geliebten flink in die des anderen.

Und der Kuppler war dieser »stille Russe«, der ein eigenes Buch verdient hätte. Er brachte dem Burgfräulein Beweise für Reichtum und Macht (als Falke auf der behandschuhten Hand die Raketen) des fernen Kavaliers Rußland, der um sie anhielt. Kuba (oder die kubanische Revolution) untersuchte das Foto, lief freudig ins Badezimmer, nahm im geheimen an, spielte dem früheren Geliebten, den Vereinigten Staaten, noch ein oder eineinhalb Jahre Liebe vor und verheimlichte, daß es sein Herz bereits einem anderen geschenkt hatte.

»Errungenschaften«

Die Art, in der Rußland sich einschaltete und uns vor dem erstaunten Blick der Welt bei der Hand nahm. Und wie sichtlich gut die junge Revolution, die Infusion frischen Blutes dem müden Imperium tat. Wie es in Kuba, in seiner Revolution (und in seinem stattlichen Führer) den Geist der Weltrevolution wiedergeboren sah, was für einen prächtigen Empfang man ihm in Moskau, im ganzen Land bereitete, so daß sich noch viele Jahre später die jungen Frauen, die damals herbeigelaufen waren, um ihn auf den Plätzen der Provinzstädte reden zu hören, inzwischen meine Lehrerinnen in ihren Fünfzigern, seufzend erinnerten: »Ein Bild von einem Mann! Mit dieser Adlernase.«

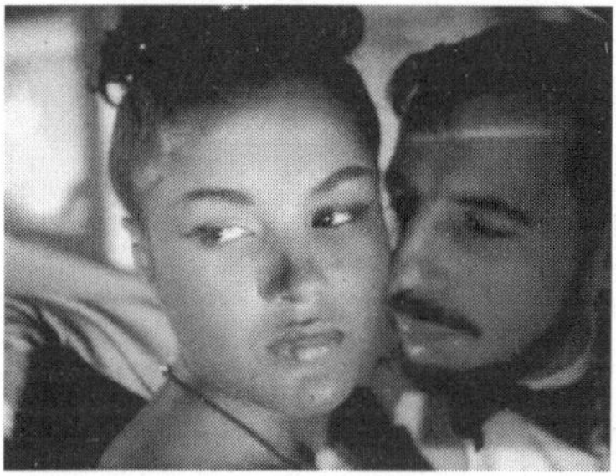

Und vergnügt fügten sie ein Motto des Spanischen Bürgerkriegs hinzu: »No pasarán«, was rein gar nichts damit zu tun hatte (und auch nicht mit der Prüfung, die ich gerade ablegte, und ich ließ sie weiterreden, um sie milde zu stimmen und eine bessere Note zu bekommen). Wie durch ein Wunder alle einer Meinung: gut aussehend und attrak-

tiv. Wäre die Geschichte der kubanischen Revolution eine andere gewesen mit einem weniger stattlichen Mann als dem schönen Fidel Castro? Ich gehe jede Wette ein. Aber so: Geld, Unterstützung, grenzenlose Sympathie.
Von feiner Raffinesse, das gebe ich zu, war der vortreffliche Schachzug, den ich dem Leser hier vor Augen führe, damit er ihn ebenfalls bewundern kann.
Denn wäre all das, wessen sich die kubanische Revolution brüstet, all ihre sogenannten »Errungenschaften«, möglich gewesen ohne den rollenden Rubel, der wie von Zauberhand das Land überschwemmte? Gewiß nicht, das müssen wir zugeben, wie es alle tun, drinnen und draußen. Doch gerade dies war – wie eine Freundin anführte, und ich mußte eingestehen, daß sie recht hatte – ein Beweis der scharfen Intelligenz (und der Gerissenheit, füge ich hinzu) Fidel Castros. Wer auf der ganzen Welt (und hier kommt der kindische, lächerliche Nationalstolz zum Vorschein, der auf anrührende Weise selbst die eisigste Schmähung der kubanischen Revolution prägt), wer auf der ganzen Welt hätte je ein glänzenderes Geschäft abgeschlossen, eine Handelsbeziehung eleganter, geschmeidiger betrieben: leere Worte, Treueschwüre, feurige Versprechen gegen klingende Münze, das heißt gegen Traktoren, Flugzeuge, Öl und, wie gesagt, klingende Münzen?
Niemand, das muß man unumwunden zugeben.

Erziehung

Wer wird ein Erziehungsprogramm von solcher Reichweite, von solcher Vielfalt verdammen wie jenes, das jahrelang bewundernswert gut funktionierte und manche Bereiche zu einem ungekannten Niveau führte, etwa den Sport, die Musik, die Kunst, aber auch die Grundschulausbildung, die weiterführenden Schulen? Obwohl all dies seit vielen Jahren schon im Verfall begriffen ist und sich viele sogar fragen, ob wir, meine Generation, nicht die letzte gebildete Generation darstellen.
Das heißt: *tatsächlich* gebildet. Nach höchstem internationalen Maßstab, was vielen Emigranten (wie mir), die gegen die kubanische Revolution wettern (wie ich), einen hervorragenden Einstieg in den ausländischen Arbeits-

markt ermöglichte. Wobei man immer wieder erklären mußte, wie und weshalb so gut ausgebildet.
Vor allem durch geschicktes Jonglieren mit dem investierten Budget und die unermüdliche Arbeit der vielen Schulen, die im ganzen Land vereinheitlicht worden wa-

ren. Darunter tat sich der Abgrund des Geldes auf, das man unseren Eltern vorenthielt, deren Gehalt nach all den verschleierten Abgaben kaum mehr zu einem bescheidenen Leben reichte, gewaltsam geschröpft, damit man die öffentlichen Ausgaben bezahlen konnte, die diese Erziehungspolitik mit sich brachte.

Und mit einem Mal, als hätte man im Geist eine Seite umgeschlagen: der erbärmliche Zustand dieser Schulen, die miserable Kost, die unerträgliche Patina von Armut, die alles überdeckte, ein Ambiente der Freizügigkeit und sexuellen Frühreife. Rückblickend kann man sagen, daß in allen oder fast allen die Roheit um sich griff, mit Ausnahme einiger weniger für die Kinder der Elite, die berühmte Schule, die ich besuchte, das kubanische »Eton«. Ein Ort, an den ich mich – das muß ich zugeben – voll Wärme erinnere und dessen elitärer Charakter nicht von der Misere erfaßt worden war: die Kinder der Minister, die Kinder der Ärzte, die Kinder des Doktors Fidel Castro, mit denen ich ein Zimmer teilte – einen dieser riesigen Schlafsäle –, zwei Jahre lang (feine Kerle, sie werden sich kaum an mich erinnern).

Die hervorragend ausgestattete Bibliothek, zwei Schwimmstadien, all die Sportgeräte, die importierten Physiklabore, alles ein Schulkombinat im überdimensionalen Sowjetmaßstab, 4500 Schüler und doch eine beachtliche Ordnung. Allerdings eine abscheuliche Anpassung nach unten, eine schreiende Vulgarität, so daß ich mir immer wieder sage und es in der Öffentlichkeit wiederhole: *hervorragend ausgebildet* die Kubaner, meine Generation, aber *erbärmlich erzogen*.

Wie soll man sich in der Zukunft daran messen, in der ein Erziehungsprogramm solchen Ausmaßes wohl kaum überleben wird?

Gesundheit und Sport

Oder ein Gesundheitsprogramm wie das der kubanischen Revolution, unbezahlbar, da größenwahnsinnig und extravagant? Mit ebenfalls beachtlichen und unleugbaren Erfolgen. Ich weiß nicht, ob ich hier näher auf das Gesundheitswesen eingehen soll. Keinesfalls in Form von ungelenken Statistiken, wie die kubanische Revolution es tut, soundso viele gesunde Kinder auf tausend. Die Betten, Krankenhäuser, die Anzahl der Ärzte, mit der sie einen erschlagen und den Eindruck erwecken wollen, daß es vor 1959 schlicht und einfach keine Krankenhäuser auf Kuba gegeben hatte. Und das ist falsch, das weiß ich, mit einem Arzt als Vater. Denn all die Krankenhäuser, in denen er sein Leben lang gearbeitet hat, in die ich ihn als Kind unzählige Male begleitete und wo er immer anrief, lange Zeit vor den Handys, wenn er ins Kino ging, damit man ihn erreichen konnte (»ich muß erreichbar sein«, sagte er dann mit ernster Miene, und tatsächlich mußte er mehrmals eines dieser Kinos verlassen, nachdem sein Name im Dunkeln von der Platzanweiserin ausgerufen worden war), all diese Krankenhäuser, sage ich, waren vor dem Triumph der Revolution erbaut worden und nach dem jüngsten Stand der Technik ausgerüstet. Auch in dieser Hinsicht befand sich das Land damals auf der Höhe des »Nachbarn im Norden«, stellte also nicht nur die neusten Automodelle zur Schau, diese Chevrolets, die noch heute fahren, zum Schrecken und Vergnügen so vieler Touristen.

Damit will ich nicht etwa herunterspielen, wie verdienstvoll man in die Gesundheitsvorsorge investierte, in Impfkampagnen, in die Fluoridierung des Trinkwassers usw. usf. Eines der besten Gesundheitswesen des Kontinents innerhalb weniger Jahre. Das ist eine Tatsache. Aber zu welchem Preis?

Und was für eine Publicity war für die kubanische Revolution der Goldregen der Medaillen, die sportlichen Leistungen, unglaublich für ein so kleines Land, das mehr Hochleistungssportler besitzt als vielleicht jedes andere vergleichbarer Größe, Olympiasieger, Weltmeister ... Und zugleich kein einziges öffentliches Schwimmbad in ganz Havanna, keine Turnhallen in den Vierteln, für die Anwohner, die keine Rekorde schlagen und nicht den Feind auch auf diesem Gebiet demütigen wollen.
Soll ich geduldig erklären, wie sehr man sich dafür auf den Kopf stellen mußte und in welchem Maß dies mit den politischen Freiheiten unserer Eltern erkauft und bezahlt wurde? Verdammenswert wegen der Ausgaben und weil dafür staatliche Gelder abgezweigt und erschöpft wurden. Und ohne das russische Geld hätte es derlei ohnehin nicht gegeben. Dennoch werden diese Erfolge ins Gewicht fallen, wird sie immer wieder jemand hervorziehen (so wie ich jetzt) und auf die Waagschale werfen (auf der schwer und breit der Doktor Fidel Castro hockt).

Rassismus

Manch einer ist auf den folgenden Gedanken gekommen: Die kubanische Revolution war in zweifacher Hinsicht unnötig, nicht nur wegen des mehr als offensichtlichen Schadens, den sie dem Land zugefügt hat, wegen ihrer traumatischen Wirkung, die noch lange anhalten wird, sondern auch, weil sich viele ihrer sogenannten »Errungenschaften« – die zunehmende Gleichberechtigung der Frauen, die erfolgreiche Bekämpfung des Analphabetismus (wenn auch zuvor niemals so hoch wie behauptet), die Eindämmung (nicht Beseitigung, die Eindämmung) des Rassismus – von selbst ergeben hätten, und zwar aus ebendem Grund, den ich in diesem Buch anführe: weil Kuba sich innerhalb des Orbits der Vereinigten Staaten befand. So wären auch an ihm die Umwälzungen der Sechziger nicht spurlos vorübergegangen, und nach deren Bewältigung hätte sich der Rest von selbst ergeben.

Ohnehin ist man auf Kuba von jeher weniger rassistisch gewesen als in den Vereinigten Staaten (mein Großvater väterlicherseits zum Beispiel: ein Selfmademan, ich würde Ihnen, erlaubte es die Zeit, ausführlich davon erzählen), und die Frau war besser in die Gesellschaft integriert als sonstwo auf dem ganzen Kontinent (meilenweit entfernt von dem Zerrbild der Kubanerinnen, die *en masse* der Prostitution nachgingen, ein falsches, absurdes Bild, ich sagte es bereits): Es gab Sekretärinnen, Apothekerinnen, Lehrerinnen wie in vielen anderen Ländern damals, sagen wir, in den Vereinigten Staaten, um auf einen Vergleich zurückzugreifen, den die kubanische Revolution ständig bemüht, die alles im Verhältnis und im Kontrast zu den Vereinigten Staaten sehen muß. Denn hält man den Prozentsatz an Prostituierten und an Krankenschwestern

gegeneinander, der Handlungsbedarf wäre geringer gewesen.

Das Problem des Rassenunterschieds löste die kubanische Revolution, wie sie vorgab, auf ihre Weise, indem sie mit der Wut eines Gewittersturms ins Gefüge der Gesellschaft fuhr und keinen Stein auf dem andern ließ. Sie zerschlug die bisherigen Bindeglieder und ordnete die Einzelteile neu an und gab ihnen eine einzige Ausrichtung: hin zum übermächtigen Magneten des Staates. Die Zivilgesellschaft wurde abgeschafft oder das, was man heute unter einer solchen versteht: die Frauenvereine (denen meine Mutter angehört hatte), die religiösen Vereinigungen (denen mein Großvater angehört hatte), die Vereinigungen der Farbigen (denen mein Großvater und mein Vater angehört hatten). Und die viele ohne Bedauern verließen, im Glauben, daß sich so ein kurzer, gewaltsamer Prozeß dazu eignete, das Problem des Rassismus, die fehlende Gleichberechtigung der Frau oder den hohen Analphabetismus zu bewältigen.

Erst im nachhinein begriff man, daß bei der Operation ganze Flächen gesunden Gewebes entfernt und jene Übel mit Brachialgewalt ausgebrannt worden waren.

Hätten sich nicht, fragen einige – und sie haben nicht unrecht, wenn ihr Argument auch abenteuerlich und naiv klingt –, all die Probleme durch die simple Tatsache aufgelöst, daß wir Teil der Vereinigten Staaten waren, von denen wir uns niemals hätten trennen dürfen?
Hätten sie sich nicht überwiegend aufgelöst, weil die Bürgerrechtsbewegung ein neues Bewußtsein mit sich brachte und weil Kuba, wie gesagt, ohnehin sehr viel weniger rassistisch gewesen war als die Vereinigten Staaten oder von einem Rassismus unterschiedlicher Ausprägung, da der Schwarze auf Kuba weniger fremd gewesen war, weniger

unter Strafen zu leiden und ein leichteres Leben gehabt hatte? Ohne daß dies heißen soll, gar kein Rassismus, o nein: ein fröhlich rassistisches Land, Kuba, und rührend rassistisch, die Kubaner.

Denn letzten Endes, nach all den Jahren des »Kampfes«, dieser endlosen Fortsetzungsgeschichte, hängen da die Fotos von unserem feinen Politbüro. Worin unterscheiden sie sich von den Senatoren der Republik? Praktisch in gar nichts: eine einzige Rasse, nur ein einziges Geschlecht, alle aus dem hellhäutigen, männlichen Lager, das auch dem Inselbürgertum am Herzen lag. Niemand von dunkler Hautfarbe, keine Gesichter mit geschminkten Lippen.

Zensur

Auch über eine andere »Errungenschaft« müßte man sprechen: über die fast völlige Abwesenheit von Zensur. Die immer wieder von fröhlichen, bewährt offenherzigen Funktionären der kubanischen Revolution betont wird, glücklich, daß sie zumindest in diesem Punkt die Wahrheit sagen können.
Denn sie wissen, hierbei wenigstens wird man sie bei keiner Lüge ertappen: Auf Kuba gibt es keine Zensur.
Weil man in der westlichen Welt nämlich eines nicht begreift: daß ein totalitärer Staat die Notwendigkeit der Zensur an sich schon beseitigt und die Möglichkeit, daß zu zensierende Werke entstehen, im Grunde auf Null reduziert hat. Denn während in demokratischen Ländern (oder nicht demokratischen, einerlei, jedenfalls nicht totalitären) die Zensur stets a posteriori einsetzt, wird sie hier bereits am Anfang der Kette wirksam, und so erwartet man in Wirklichkeit, daß es gar nichts zu zensieren gibt. Deshalb gilt das Erscheinen eines zu zensierenden Werkes als ein Defekt im System, das sein Auftauchen nicht *verhindert* hat. Erst dann sehen sie sich zu dem häßlichen Spektakel gezwungen, es auf eine traditionellere Weise zu verbieten, auf die alte Art.
Dies führt zu einer unterhaltsamen Komödie der Irrungen zwischen den Verteidigern der Redefreiheit und den Funktionären der kubanischen Revolution, die letzteren verärgert, daß man sie als »vulgäre« Zensoren darstellt. Was sie nicht im geringsten sind, weil ihnen das System, wenn es einwandfrei funktioniert, solch ärgerliche Mühe

erspart. Und wie die allgemeine Verstaatlichung dem privaten Erzeuger den Garaus macht und ihn zum bloßen Relikt verkommen läßt, wird auch der Schriftsteller, der Künstler, der Erzeuger eines persönlichen Werkes verstaatlicht, wird zu »freiwilligen« Vereinigungen wie dem Schriftstellerverband, dem Journalistenverband und was noch für Künstlerverbänden gekarrt, eine stalinistische Erfindung aus den dreißiger Jahren, nach dem Prinzip der Kolchosen, das heißt, Farmen für intellektuelle Erzeugnisse, außerhalb deren eine Künstlerexistenz, ja allein schon die Veröffentlichung eines Werkes mehr als verdächtig ist.

Polizeirepression

Ebenso gibt es an und für sich keine Polizeirepression, wie man sie in der westlichen Welt versteht. Der Polizist wird (wie schon der Zensor) ganz an den Anfang der Kette gesetzt: Er ist in jedem Viertel, jedem Staatsbetrieb allgegenwärtig, ist Teil des Gesellschaftssystems, so daß er darin verschwindet bzw. unsichtbar wird. Eine präventive Polizei, wie ein Gesundheitswesen, das auf die Vorsorge setzt.
Sieht man sie jedoch auf der Straße patrouillieren, ist es ein schlechtes Zeichen, ein deutlicher Hinweis, daß etwas falsch läuft. Denn wenn die Freiwilligen, die auf ihren Posten Polizeifunktionen ausüben sollen, stillschweigend zu »desertieren« beginnen, läßt der Denunziationseifer nach, und die Regierung muß auf die eigentliche Polizei zurückgreifen und – da sei Gott vor! – Demonstrationen niederschlagen. Was bereits als Katastrophe angesehen wird. Denn bei einer »guten« Polizei – in fünfzehn, zwanzig Jahren niemals Knüppelschläge in der Öffentlichkeit – sind, wenn tatsächlich auf der Straße geknüppelt wird, sogleich die Verteidiger der Menschenrechte (in Italien) zur Stelle und schreien und protestieren.
Aber das ist gar nicht der Punkt! In Wirklichkeit muß man darin eine gewaltige Befreiung sehen, und als solche empfindet es der, der die Schläge erhält (die ersten in zwanzig Jahren), und sogar der, der sie austeilt, vielleicht insgeheim hoffend, daß sich die Lage mit jedem verabreichten Schlag verschlimmert, endlich zur Krise zuspitzt.

Afrika

Zu guter Letzt wäre es ohne das russische Geld nie zu den militärischen Abenteuern in Afrika gekommen. Denn auf einmal hatten wir »Muskeln«, zogen aus und suchten in den Nachbarvierteln Streit, wollten den anderen zeigen, wie sie zu leben hatten. Und auch mein Vater hätte nicht vier Jahre in Afrika verbracht, zwei in Guinea-Bissau (und sein Vater starb, und er konnte nicht zum Begräbnis fliegen) und zwei in Benin (und seine Mutter starb, und er konnte nicht zum Begräbnis fliegen). Dieser Größenwahn, dieser Traum von militärischer Macht, der »internationalistischen Missionen«, wie man sie hochtrabend à la Hollywood nannte. Davon würde ich ausführlich reden, wenn ich nicht schon so erschöpft wäre, und ich weiß nicht, ob man dies Thema so kurz und knapp abhandeln sollte, in einem Taxi.
Ein Kapitel für sich und als »Errungenschaft« sehr unbeliebt (sogar in Kuba), da so absurd, ein Krieg im fernen Afrika, in den Ebenen von Cabinda, ein Kampf, der fünfzehn! Jahre dauerte. Das einzige Land in Lateinamerika (und hier spricht der dumme Nationalstolz aus meinem Mund) mit einem Expeditionskorps viele tausend Kilometer von zu Hause entfernt!
Keine Guerrillascharmützel, keine Streifzüge mit drei, vier Trupps. Nein, ein Krieg in großem Maßstab samt Luftwaffe, Infanterie, einem Artillerieaufmarsch von Stunden, Tagen und Panzerkolonnen, um die feindlichen Linien zu durchbrechen: ein Heer von über fünfzigtausend Mann wurde da entfaltet. Zum Vergleich (an dieser

Stellte packt mich immer die Erregung, ich beuge mich zum Taxifahrer vor und mache ihm die Rechnung auf, die meiner Ansicht nach am anschaulichsten ist) nehmen Sie Rußland, dieses große Land, dieses Imperium, mit hunderttausend Mann in Afghanistan, bei einem Land von dreihundert Millionen Einwohnern, stämmigen, gestandenen Sowjetmannsbildern. Und auf der anderen Seite die fünfzigtausend Mann aus Kuba, einer tanzlustigen Insel von knappen elf Millionen. Auf dem Luftweg beförderte Truppen, Raketeneinheiten. Wie die, für die man mich rekrutieren wollte (das ist die volle Wahrheit), als man mich eines Nachtmittags auf Kuba zum Militärausschuß mei-

nes Viertels zitierte. Ein gutmütiger Offizier, ein Hauptmann, hielt mir eine wenig überzeugende Rede über die afrikanischen Brüder in Schwierigkeiten. Die ich, der ich

gerade das Ingenieurstudium beendet hatte, für sie aus der Welt schaffen könnte, als Reserveoffizier (in dieser edlen Rolle). Und ich sagte ihm, nein. Kategorisch.
Er schaute mich überrascht an. Fragte mich hinterhältig: Aber sind Sie nicht der Sohn von Dr. Prieto? (Womit er meinte: Wie? Mit so einem Vater, der selbst beim Militär, Oberstleutnant, Chirurg, zwei Feldzüge in Afrika, so eine Einstellung? Weiß das Ihr Vater usw.?) Aber er konnte mich nicht gegen meinen Willen hinschicken, so waren die Vorschriften. Und ich war offen gestanden nicht der Meinung, daß dies der Moment war (mit meinen fünfundzwanzig Jahren und einer jungen Ehefrau, die mich zu Hause erwartete), um loszuziehen und für die kubanische Revolution zu sterben.
In den fernen Savannen Afrikas.

Die Auswege

Balseros

Da ich das Land bequem per Flugzeug verließ und dabei nicht mein Leben riskieren oder ein gefährliches Manöver vollziehen mußte, kenne ich die schreckliche Tragödie der Balseros, der Floßflüchtlinge, nur aus dem Mund derer, die glücklich gelandet sind. All die wahren Berichte ihrer Flucht, die Geschichten von Schiffbrüchen, bei denen mir das Blut in den Adern stockte, wenn ich mir auch niemals das Drama in seinem ganzen Ausmaß vor Augen führen konnte, das entsetzliche Schicksal derer, die sich aufs Meer hinauswagen.

Und ich muß Ihnen sagen, ich hätte das niemals getan: auf einem Floß in See stechen. Man kann Vorgesetzten um den Bart gehen, sich Kongresse und Konferenzen ausdenken, Geschäftsreisen, während deren man mühelos desertieren kann, mit weißen Handschuhen sozusagen. Alle meine Freunde – denn auch dies ist ein Klassenproblem; was nicht? – sind auf derlei Wegen »entflogen«. Keiner von ihnen in der Verlegenheit, ein Floß besteigen zu müssen. Nur der eine oder andere saß mit Kindern fest (denn Kindern war die Ausreise verboten) oder mit einer Arbeit, bei der er Zugang zu vertraulichen Informationen hatte, wofür es einen »Paragraphen« gab, ein unüberwindliches Hindernis. In dem Fall das Meer, die Flucht als einziger Ausweg.

Ich habe sie in vielen Städten getroffen, in Mexiko, in den USA. Keiner von ihnen machte den Eindruck eines erfahrenen Seemanns. Ganz normale Jungen, wie man einen Freund von vierzig Jahren »Junge« nennt: mit lichter werdendem Haar, manche schmerbäuchig, der Klassenkamerad, den du zwanzig Jahre lang nicht gesehen hast und eines Tages triffst, an einer Haltestelle, im fürchterlichen Karohemd und durch und durch, wie soll ich sagen, angepaßt und mit einer gräßlichen Frau zu Hause. Ausgerechnet diese Art von Bekannten – die keine Reise nach Wien, keine Konferenz in Tokio bei der Hand hatten – mit der grauenhaften Erfahrung des Meers als letzter Zuflucht.

Sie erzählen dir davon, und du kannst es nicht glauben. Der Freund, den ich bei einem Besuch in Havanna traf und der mir von seinem Plan erzählte, als spräche er von Renovierungsarbeiten am Haus, ein zusätzliches Zimmer hinten, Pläne, die wir sang- und klanglos aufgeben, weil wir wissen, daß wir sie niemals verwirklichen werden.

Ein riskantes Unterfangen, der Bau eines Floßes, wenn man kein Tischler ist. Unmöglich, ein gebrauchsfertiges Boot in der Anglerabteilung eines Kaufhauses zu erstehen, das man nur ins Wasser zu werfen braucht. Wie oft bin ich im westlichen Ausland nicht vor so einem Schlauchboot mit starkem Außenbordmotor stehengeblieben und habe mir gesagt: Mit so einem allemal, keine Sekunde würde ich zögern! Ein Kinderspiel!

Aber nicht auf Kuba, nicht in dem Dorf (als er mir davon erzählte, fiel mir ein, daß er nicht aus Havanna stammte, sondern aus einem kleinen Dorf am Meer), aus dem er hatte fliehen wollen, auf dem Floß. Er lachte dabei, in seinem Bericht keine Spur von der Tragödie, den Tausenden von Toten, den Zehntausenden, die während all der Jahre ihr Ende auf dem Meeresgrund fanden. Er nicht, denn er war nicht einmal aufs Meer hinausgekommen. Wie schwierig es ist, eine Gruppe von Freunden unter einen

Hut zu bringen, alles Männer mit Familie. Einen Ort auszuwählen, eines ihrer Häuser, in dem man den Plan vorantreiben konnte: ein Floß zu bauen, unter den absurdesten Umständen und als wäre es zugleich das Natürlichste auf

der Welt. Das Geheimnis zu wahren, die Vorsichtsmaßnahmen. Und immer gab es da herumtollende Kinder, die durchs Haus liefen, eifersüchtige Frauen, die argwöhnten, daß man nicht immer zum Floßbauen ging und nicht immer vom Floßbau kam, wenn man um zwei Uhr morgens zurückkehrte.

Der logistische Albtraum, in Zeiten der Unterversorgung Nägel zu bekommen, all die Diskussionen, ob ein größerer oder kleinerer Kiel (bis zu diesem Punkt waren sie bereits gelangt). Was für Ängste sie ausstehen mußten, wie oft sie sich entdeckt glaubten. Und am Ende das Ungeheuerlichste, halt dich fest, das glaubst du nie. Nachdem man das Floß zusammengebaut und kalfatert hatte, die Freunde sich vor dem vollendeten Werk die Hände schüttelten, es mit Bier feierten, mußten sie verzweifelt feststellen, daß sie es größer gebaut hatten als jede Tür im Haus. Ich kann selbst jetzt noch ein Lächeln nicht unterdrücken, aber damals krümmten wir uns vor Lachen, schnappten noch eine ganze Weile lang nach Luft und mußten uns die Lachtränen aus den Augen wischen. Und dieser Freund,

den ich sonst nie sah und seitdem auch nicht mehr gesehen habe, mittendrin in dieser unwahrscheinlichen Geschichte. Sie mußten das Floß wieder auseinandernehmen, in seine Einzelteile zerlegen und es in nur einer Nacht in einer Bucht wieder zusammensetzen, aber derjenige, der den Proviant für die Reise hatte besorgen sollen, traf nicht ein: irgendein Problem mit seinem Vetter und einer Frau. Und sie mußten es verschieben, brachen niemals auf. Ohne einen Anflug von Groll in der Stimme, jemand, der sich damit abgefunden hat, daß er niemals fortkommen wird. Zumindest nicht auf dem Floß.

Die verschiedenen Auswege

Oft hätte ich nach einer eiligen Taxifahrt, nach der ich nur noch die Koffer ungeöffnet aufs Hotelbett werfen konnte, das bisher Gesagte in dem kurz bemessenen Zeitraum einer Veranstaltung erklären sollen, zwischen den Strömungen lavierend, die mir aus dem Saal entgegenschlugen. Und fast immer habe ich mich fürs Schweigen entschieden, aus der Erfahrung klug geworden, wie wenig man von der kubanischen Revolution begreift, wie verworren und verwickelt sie ist, und in der Überzeugung, daß sich das Publikum (in Berlin) unmöglich ein klares, faßbares Bild von einer so verteufelt komplexen Angelegenheit machen kann.

So gibt es zum Beispiel Anschlußbefürworter – mehr oder weniger verhüllt –, die die Ansicht vertreten, daß sich der Konflikt am schnellsten lösen ließe, indem die Vereinigten Staaten die schöne (und für Polemik so geeignete) Insel Kuba einfach annektierten. Eine auf Kuba wenig beliebte Option, die nicht einmal die Vereinigten Staaten erwägen, und wer sie in Umlauf bringt, berücksichtigt nicht im geringsten, was die Regierung des fraglichen Landes davon denkt, die so etwas nicht will und als Thema gar nicht erst aufbringt.

Dann gibt es andere, die mit wütender Rhetorik der schlichten Nötigung das Wort reden und die man vergeblich darauf hinweist, daß man damit nicht den geringsten Erfolg hat einfahren können. Vor allem aus ihrer Ecke kommt die Idee einer schnellen, durchschlagenden Militärintervention (der Amerikaner), auf die eine Interimslösung von bis zu zehn Jahren folgen soll, sozusagen ein zweiter Versuch der Vereinigten Staaten (zählt man die erste Intervention und Militärregierung von 1898 bis 1902 mit), uns beizubringen, wie man als Land zu leben hat, mehr oder weniger in Abhängigkeit ... Von ihnen.

Dann gibt es die, die davon träumen, daß die kubanische Revolution in sich zusammenbricht und keinen Nachfolger hinterläßt, worauf sie dann triumphal in Havanna Einzug hielten, nichts fänden oder sähen, was bewahrenswert wäre, und sich für eine Politik der Tabula rasa entschieden: von Null anfangen.

Dann gibt es die – und ihnen gilt meine Sympathie, zu ihnen würde ich mich gesellen, wenn ich in die Verlegenheit käme, wählen zu müssen –, die davon ausgehen, daß die kubanische Revolution nun einmal stattgefunden hat, daß sie existiert und nirgendwohin entschwinden, sich nicht verflüchtigen wird wie eine böser Traum. Das sind ihre geschicktesten Kritiker, denn sie sind Teil und Ergebnis ihrer selbst.

Diejenigen, die bei aller Kritik verstehen, daß sie eine Tatsache ist, sosehr sie auch ihre Methoden verurteilen, ihr endloses Bestehen, ihr Machtmonopol, denn sie begreifen, daß es bei einer klugen Verwaltung ihres Erbes einiges an Gutem, Brauchbarem in der Katastrophe geben wird, in der Ruine, die sie zurückläßt.

Auswege aus dem Sumpf, in dem wir uns befinden, von denen ich keinen ohne weiteres unterschreiben würde und über die ich ein Urteil immer vermieden habe, wenn man mich eingeladen hat – häufig in jüngster Zeit –, mir Gedanken über ein postrevolutionäres Kuba zu machen. Und all das, was ich bei diesen Diskussionen nicht gesagt,

sondern mit Fleiß zu erwähnen vermieden habe, all das ist nun geballt in dieses Buch eingeflossen.
Ich gebe diese Ratschläge von der bequemen Position dessen aus, der am Ufer steht und zusieht. Und mehr noch wird man mir vorwerfen, werfe ich selbst mit vor ... Heuchlerisch, fuhr eine Freundin in Mexiko auf, heuchlerisch, denn müßtest du nicht nach dem, was du sagst, zurück in dein Land gehen, dort kämpfen?
(Und dieser bewaffnete Kampf wäre dann der letzte aller Auswege.)
Ihre Antwort ließ mich sprachlos, ein, zwei Minuten wußte ich nicht, was erwidern. Zuerst einmal: Wie denn kämpfen? Was meinst du damit? Mit der Waffe in der Hand? Wo ich doch gegen jede Gewalt bin (wie ich hier angeführt habe), wo es doch Auswege aus dem Sumpf geben muß, in den uns die kubanische Revolution, der Doktor Fidel Castro, die entsetzlich ungeschickten Amerikaner und wir selbst uns gefahren haben! Friedliche Wege, keine gewaltsamen.
All diese Auswege, die ich sehe und die von außen wie von innen kommen und für ein Außen und ein Innen stehen. In dieser Reihenfolge. Ich will versuchen, es zu erklären.

Das Embargo als Verkörperung und Fortsetzung der Bevormundung

Auch hier muß der Irrtum vermieden werden, das Embargo auf der Ebene des Faktischen zu analysieren: Hafenblockaden, mehr oder weniger unzugängliche Waren, der Schaden, der auf Millionen von Dollar berechnet wird. In Wirklichkeit ein subjektives Phänomen, das man korrekter als Ausdruck und Fortsetzung der Bevormundung darstellt, schlicht und einfach. Denn so sieht, so empfindet es – und meiner Ansicht nach völlig korrekt – die kubanische Revolution. Eine unannehmbare, unentschuldbare Einmischung, eine Geste der Verachtung, ein Hineinreden, das jedes Land beunruhigen würde.

Die nicht aufgegangene Rechnung, daß die Festung der kubanischen Revolution unter dem Druck nachgeben und ein Chaos entstehen würde, vielleicht ein Aufstand. Doch tatsächlich lieferte das Embargo nur eine bequeme Rechtfertigung, gab ihr einen Sündenbock für alle Übel, einen Grund für alles Leid an die Hand. Eine unsinnige Maßnahme, bei der sich die Amerikaner nur ins eigene Fleisch schnitten und die im Grunde schon wenige Wochen nach Verhängung wieder aufgehoben wurde, als die ersten sowjetischen Schiffe Kuba erreichten. Mit Waren schlechterer Qualität, aber mit Waren letzten Endes. Und haufenweise.

Zudem dient das Embargo der Vereinigten Staaten als Vorhang, der ein anderes, schrecklicheres Embargo verdeckt, nämlich das, welches der Bolschewismus über die gesamte Insel verhängt hat, der das Privateigentum an sich

als schädlich verdammt, und sich – in jedem Haus, an jeder Ecke Kubas – zwischen den kleinsten Erzeuger und den unbedeutendsten Verbraucher schiebt. Ein größeres, ungeheuerlicheres Embargo als das harmlose, das die Vereinigten Staaten aufrechterhalten, das dumm und kontraproduktiv ist, wie man es dreht und wendet.
Unwirksam auch aus folgendem Grund: Weil sie all die Jahre die kontinuierliche und überreichliche Ausfuhr von Kubas wichtigstem Posten, seiner wichtigsten Ware zuließen, die es unbedingt an den Mann bringen wollte und die Amerika gekauft oder, könnte man sagen, mit Gold aufgewogen hat: die Gegner der kubanischen Revolution.
Eine Exportware, die niemals knapp wurde und die Kuba noch immer mit Gewinn auf dem amerikanischen Markt absetzt und etwas Unschätzbares dafür bekommt: innere Stabilität, die Ausschaltung von Aufsässigen, zunächst die der kubanischen Bourgeoisie und in nachfolgenden Exilen die all derer, die sich eine gewisse geistige Unabhängigkeit bewahrt hatten und am besten dafür gerüstet gewesen wären, der Revolution die Stirn zu bieten.
Denn wären sie auf Kuba geblieben, das Bild hätte für die kubanische Revolution anders ausgesehen: Repression, Massenterror, Inhaftierungen. Aber sie brauchte gar kein Sibirien. Miami, der warme Süden Floridas, war Kubas Sibirien, ein freundliches Sibirien, da werden Sie mir zustimmen. Denn wäre die Bourgeoisie auf Kuba geblieben, nicht in die Vereinigten Staaten geflohen (hinausgedrängt, zum Gehen gezwungen), sie hätte ihr Ende auf dem Schlachtfeld oder in einem Konzentrationslager gefunden.
Ein Kuriosum, daß die kubanische Revolution ausgerechnet von ihrem Erzfeind, den USA, von der ärgerlichen

Notwendigkeit entbunden wurde, sie alle einzusperren oder massenhaft zu beseitigen.
In diesem Sinn: keinerlei Embargo.
Und dann, als 1991 die UdSSR fiel und das Land nicht länger vom fernen Sowjetsaft gespeist wurde (in Form von Traktoren, Flugzeugen, Schiffen), hielt es sich wie diese alten Herzen aufrecht, die durch das weitverzweigte Kapillarnetz, das sie mit den Jahren ausbilden, einem Infarkt besser widerstehen können. Man sah die kubanische Revolution schwanken, straucheln, ganz wie ein Mann nach einem Herzinfarkt, sah, wie sie in höchsten Ängsten die schlimmste Wirtschaftskrise in der Geschichte des Landes durchlitt, die man euphemistisch »Período Especial«, eine Ausnahmeperiode, taufte. Doch die katastrophale Wirkung blieb aus, die derlei bei jungen Organismen hat, die wie vom Blitz getroffen sterben, eine Folge, die die USA im fernen Jahr 1960 nicht zu Unrecht erwartet hatten, als sie ihr Embargo ausriefen.
Aber fünfunddreißig Jahre später, als endlich die Stunde gekommen zu sein schien, da das Embargo Wirkung zeigen sollte, zum x-ten Mal gefoppt, denn mit der Geduld und Geriebenheit des Erwachsenen griff Kuba zur Krücke eines moderaten ökonomischen Liberalismus, hielt sich aufrecht, hielt durch. Zum allgemeinen Schrecken und Erstaunen all derer, die die kubanische Revolution für tot erklärt hatten, Anfang der Neunziger, in der Annahme, sie würde sich nicht mehr erholen. Sie haben sich geirrt.

Die Großtuerei der Vereinigten Staaten

Weshalb eine Lockerung des Embargos und nicht seine bedingungslose Aufhebung? Ich glaube offen gestanden nicht, daß Kuba gegen die Aufhebung ist, wie all die behaupten, die die kubanische Reaktion auf jegliches »Tauwetter« erstaunt. Vielmehr wehrt sich Kuba, wie ich glaube (und ich täte es ebenso), gegen das fehlende Schuldeingeständnis, gegen jede Art außergerichtlicher Einigung, die nicht kategorisch die vollkommene Unschuld des Angeklagten anerkennt.
In diesem Licht wird Kubas Protest gegen amerikanische Invasions- und Kriegspläne glaubwürdig. Eine Legende, versteht sich, denn damit ist nicht gemeint, daß sie tatsächlich einen Angriff vorbereiten, doch im Kern ist sie wahr: Sie *täten* es gern. Wenn es nicht mit so hohen Kosten verbunden wäre. Ein passender, begründeter Protest einem Land gegenüber, das sich so unpassend verhält und das sie mit Taten und Worten bedroht hat, all die Jahre lang.

Doch auch die Vereinigten Staaten entsprechen dem Charakterbild des hochmütigen Maulhelden. Im Kopf immer schon den Gegenschlag. Denn unter allen kubanischen

Politikern geben sie dem den Vorzug, der sie am meisten anbrüllt, und als wären sie verhext, scheinen sie nur in einem Stück spielen zu wollen, das sie mit stacheligem Ziegenbart und in der Sternchenweste und der Streifenhose des Schurken präsentiert.
(Nicht als Gentleman, der es für unter seiner Würde hält, aus dem Wagen zu steigen und sich auf Handgreiflichkeiten mit dem Provokateur einzulassen, der ihn beschimpft. Ganz im Gegenteil: der breitbeinige Gang des Schlägers, der wild seine Waffen schwenkt).
Das hatte Fidel Castro von Anfang an begriffen, und die Geschichte der »Konfrontation« zwischen kubanischer Revolution und dem Imperium steht ganz im Zeichen dieses Großtuns. Wurde der unerträgliche Ton der kubanischen Revolution von der Unverschämtheit, der Großmäuligkeit der Amerikaner provoziert? Ja, wahrscheinlich.

Die ungeschickten Mörder

Wenn sie ihn tot sehen wollten, all die Jahre lang, wie ist es möglich, daß sie mit ihm nicht fertig wurden? Ist das nicht peinlich? Die angeheuerte Mafia, all die grotesken Anschläge, diese absolute Stümperei: verpfuschte Attentate, lächerliche Vergiftungsversuche ... Wo ein tatkräftigeres Land – nicht die Vereinigten Staaten – einen sauberen, eleganten Mord hingelegt und ihn zum Beispiel dem geliebten Bruder in die Schuhe geschoben hätte. Machiavellistisch. Beide mit einem Schlag ausgeschaltet. Etwas in dieser Art. Manch einer könnte da denken, ich wünschte ihm den Tod. Das ist nicht der Fall.

Das habe ich mir oft gesagt: Ich wünsche ihm nicht den Tod. Denn es wäre ein Fehler, ein Widerspruch. Und ein Verrat an dem, was ich hier gesagt habe, wenn ich zuließe, daß mich dieser Haß durchdringt. Denn es ist nicht meine

Art, jemandem den Tod zu wünschen. Weshalb sollte ich ihm soviel Macht über mich einräumen, daß ich es am Ende dennoch tue?

Das soll nicht heißen, daß ich ihn gern träfe, mit ihm redete. Und einer hypothetischen Einladung, mir seine Motive anzuhören, würde ich mit größter Wahrscheinlichkeit nicht folgen. Wie mich auch nicht die trüben, kläglichen Bekenntnisse eines überführten Mörders interessieren. Ich kann nachvollziehen, daß er so etwas wie professionelle Hilfe nötig hat, von einem Arzt, sagen wir, oder einem Kaplan. Aber nicht ich in dieser Rolle.

Kinder der Revolution

Dissidenten

Die kubanische Revolution hätte gern, daß niemand auf ihrem Territorium erwachsen würde. Daß niemals der Augenblick käme, da der Zauber der Kindheit zerstört, die Autorität einer unfähigen Regierung in Frage gestellt und begriffen würde, daß wir selbst nun erwachsen sind und es nicht schlechter machen würden: das Land regieren, einen Weg aus der Misere suchen, die Zukunft gestalten. Mit anderen Worten: daß wir in die Ketzerei eigener Ideen verfallen. Verdorben von den Jahren, zu allem Unglück mit eigenen Gedanken. Wie niedlich auf dem Kinderfoto, im Überschwang der ersten Jahre! Und wie häßlich und alt heute, die riesigen Ohren, kein Staat damit zu machen!
(All dies ebenfalls zum Taxifahrer. Würde er es verstehen? Würde er verstehen, wovon ich rede?)
Sollte Fidel Castro die kubanische Revolution verraten haben, dann in dem Augenblick, in dem ihre Kinder erwachsen wurden. Als mittels und dank der verstrichenen Zeit Ende der Achtziger eine Reformbewegung im Innern entstand, eine junge Generation, die im Kraftfeld der kubanischen Revolution geboren und aufgewachsen war, entschlossen, weiterhin die Unabhängigkeit (oder soll man es den Antiamerikanismus nennen?) hochzuhalten, aber vom Standpunkt eines reformierten, nicht eines totalitären Sozialismus aus, dabei jedoch die »Errungenschaften« und »Erfolge« zu bewahren.
Mit der unbequemen Alternative eines echten Wechsels konfrontiert, mit Kubanern, die man in keiner Hinsicht als proamerikanisch hinstellen konnte (wie man es kur-

zerhand mit der kubanischen Bourgeoisie oder mit »Miami« gemacht hatte), beschloß er, sie zu verraten. Gnadenlos.

Man nahm bei der bewährten Strategie Zuflucht, uns aus dem Spiel zu nehmen, läutete ein weiteres Exil ein, das das Land zum x-tenmal schröpfte und es einer äußerst wichtigen Gruppe beraubte, all der Schriftsteller, Musiker, Fachleute, die sich für das Fortgehen entschieden oder die man ausdrücklich wissen ließ, daß der Fortgang ihre beste Option war, daß man ihnen nicht vertraute.
Und dabei waren wir, wiederhole ich, frei von jedem Verdacht, antipatriotische (und deshalb, der perversen Logik der kubanischen Revolution entsprechend, proamerika-

nische) Gefühle zu hegen, und plädierten dem Geist der Zeit gemäß in unseren Texten nur dafür, den Sozialismus zu reformieren.

Dies läßt zwei Lesarten zu.

Die erste entkräftet, was ich über die Fahne der »Unabhängigkeit« sagte, die Fidel Castro hochhält, über seinen grundlegend antiamerikanischen Charakter, die Basis dessen, was man seinen »eklatanten politischen Triumph« nennen kann. Denn sein Verhalten scheint zu verraten, daß die Macht sein einziges Motiv ist, als letztgültige Erklärung seiner Existenz. Ein Ansatz, das läßt sich nicht leugnen, der zahllose Aspekte eines Vorgehens rechtfertigen würde, das auf andere Weise unerklärlich wäre. Denn als eine junge Generation, die Generation, der ich angehöre, ihm zu sagen schien: »Ja, wir wissen Bescheid, wir sind auch antiamerikanisch, setzen uns auch für die Linke und ihre Vision der sozialen Gerechtigkeit ein, aber mittels einer Regierung, eines Sozialismus (keines Kapitalismus!), der mehr Teilnahme zuläßt«, da lachte er sich in seinen Bart und sorgte in der Öffentlichkeit für eine exemplarische Abschreckung, inklusive des »An die Wand!« Womit er zu verstehen gab, daß es nichts war mit Wechsel, weiterhin nur er und das »historische Führungsgremium«, und man forderte uns auf, das Land zu verlassen, zwang und drängte uns dazu. Weil er vielleicht wußte – und das wäre die zweite Lesart – und begriffen hatte, daß sich der real existierende Sozialismus nicht reformieren läßt, daß jeder Verbesserungsversuch schnell und unvermeidlich in seiner Demontage enden würde?

Das glaube ich, ja, bin mir sicher.

Wer hätte das besser gewußt als er, der das Land unterworfen, es in die Knie gezwungen, zur »revolutionären

Gewalt« gegriffen hatte? Denn wo andere – wie ich damals – noch naiv an eine freiwillige Entscheidung glaubten, an eine »Wahl«, da sah er mit völliger Klarheit, daß alles nur auf Zwang beruhte und niemals die Probe an den Urnen bestehen oder einer öffentlichen Diskussion seiner Methoden standhalten würde. So war es in Rußland nach Gorbatschows naiven Reformen gekommen, denen sich Doktor Fidel Castro vom ersten Augenblick an mit absoluter Klarsicht vehement widersetzte.

Denn ihn und Michail Gorbatschow trennten historische Epochen. Gorbatschow hatte die Macht geerbt, wußte nicht, auf welche Weise sie aufgenötigt worden war, sah sich selbst als »guten Regenten«, als jemanden, der nie in die Verlegenheit geraten war, töten zu lassen, weder hatte er sich die Hände schmutzig gemacht noch den Sozialismus gewaltsam durchgesetzt, etwa gegen den Willen der sechs Millionen Bauern in der Ukraine, die man verhungern ließ, um den Widerstand der russischen Bauernschaft zu brechen. Ganz oben auf der Pyramide einer unendlichen Macht benahm sich Gorbatschow wie der Erbe, der nicht weiß, mit welchen Mühen und Opfern seine Großväter das Vermögen angehäuft hatten, das er, der sich als guter Mensch fühlte, nicht als »Ausbeuter«, zu gern verschwenden und unter die Armen verteilen wollte.

Fidel Castro befand sich in einer ganz anderen Lage: Er hatte jenes System eigenhändig nach Kuba gebracht und trug noch frisch im Gedächtnis, welche übermenschliche Anstrengung es gekostet hatte, das ganze Land in den Stall des Sozialismus zu treiben (aus Gründen der Konfrontation, wie wir noch einmal einräumen wollen, nicht aus den illusorischen Gründen eines besseren Lebens für alle). Er hatte keinerlei Zweifel, daß das Volk, das ganze Land,

würde es vor die Wahl gestellt, nur eine treffen würde: sich des Sozialismus zu entledigen, unverzüglich.
Darin hat sich Fidel Castro nicht getäuscht, was ihn gewissermaßen von der Anklage freispricht, daß die Macht sein einziges Ziel, seine einzige Obsession ist.
Er glaubt, ist überzeugt (und vielleicht völlig zu Recht), daß er für diese Macht, für diese Art von Macht, der beste Lokführer ist.
Was nicht heißt, daß er oder seine Macht wünschenswert wären.

Der erste Schritt: die Wirtschaftsreformen

Aber braucht Kuba eigentliche eine Demokratie, ist die Demokratie das geeignete Regime, ist sie gegenwärtig die geeignete Lebensform für den Inselstaat? Medizinisch gesprochen: die gesunde Lebensweise für einen langjährigen Kranken. Ich glaube, so inakzeptabel das für all die klingen mag, die in der Demokratie etwas von Grund auf Gutes sehen, daß es womöglich nicht die Regierungsform ist, die Kuba momentan benötigt. Denn wird sie zur falschen Zeit verabreicht oder einem schwachen Organismus eingeimpft, könnte die Wirkung eine ganz andere sein als die erwartete.

Wenn es sich um einen Patienten handelte, läge es auf der Hand, daß er eine lange, stärkende Therapie nötig hätte, während deren sich die Idee der Demokratie und ihr Kern oder ihr Rückgrat festigen könnte, nämlich die Institutionen: ein Verfassungsgericht, eine Wahlkommission usw. Ausgebildet und trainiert, in wenigen Jahren eingestellt auf eine stärkere Kost.

Und noch einmal: Es berührt doch seltsam, daß das Land, das zuvor so viele Jahre auf undemokratische Lösungen für Kuba gesetzt und den Staatsstreich unterstützt hatte, der 1952 den demokratischen Prozeß auf der Insel gewaltsam beendete (wofür es *noch* keine formelle Entschuldigung angeboten hat), daß ausgerechnet dieses Land heute die treibende Kraft hinter einer radikalen Demokratiekur ist und für eine hochdosierte Verabreichung plädiert, ohne Rücksicht auf das Konvaleszenzstadium, auf das fehlende stützende Gewebe, das fehlende Fleisch an den Knochen der Nation.

Kurzum, nach chinesischem Vorbild sollten, anders als in Rußland, die Wirtschaftsreformen den politischen einige Jahre vorausgehen.

Dies ist die heikelste Etappe meines Buches, die ich auf Zehenspitzen überwinden muß: So oft wird die Demokratie als Gut an sich gerühmt, ohne jede Einschränkung, daß schwer nachzuvollziehen sein wird, was ich behaupte und daß ich sie zurückweise, wenn auch nur dem Anschein nach.

Denn ich wünsche sie mir unbedingt für Kuba, wenn auch erst nach einigen Jahren. Nach der Wiedereingliederung in die Normalität, nach der Neuordnung. Nicht mit einem Mal ins kalte Wasser des raffinierten demokratischen Spiels geworfen, mit seinen endlosen politischen Debatten, seinem empfindlichen Mechanismus von Gewicht und Gegengewicht. Aber so wird es nicht kommen, fürchte ich. Man wird sehen, daß sich meine Vorhersagen bewahrheiten und es dabei zu vielerlei Kalamitäten und Mißverhältnissen kommen wird. Ich kann und will mich in diesem schmalen Buch, auf den Knien geschrieben, in einem fahrenden Wagen, nicht weiter darüber auslassen. Aber es wird sich zeigen.

Amerikas Triumph

Manch einer wird mit diesen Überlegungen ins Gericht gehen, wird sie für links halten, wird deutliche Spuren eines linken Vokabulars in ihnen entdecken, eine gewisse Neigung zu einer linken Perspektive der Gleichheit, des staatlichen Eingreifens, der Umverteilung der Reichtümer, der Stärkung Ärmerer. Und manch anderer wird im Gegenteil deutliche Anzeichen für eine Orientierung nach rechts finden, die leicht auszumachen sind: Verurteilung des Totalitarismus, Abneigung gegenüber dem Sozialismus, naives oder blauäugiges Vertrauen in die Regulierungskräfte des Marktes.
Aber nein. Es ist weder das eine noch das andere, sondern eine Meinung, die sich nicht festnageln läßt, die sich bestimmte Fragen, bestimmte Phänomene von der linken Seite aus anschaut und andere versucht, von rechts aus zu betrachten. Auf diese Weise diskutiert man offen und flexibel über eine Frage von öffentlichem Interesse, umschifft ihre Klippen. Mal weicht man besser nach rechts aus, mal ist es ratsam, sich nach links zu wenden. Die Einseitigkeit ist zu vermeiden, das heißt, nicht immer nur nach Backbord, nur nach Steuerbord.
Für die kubanische Revolution und gegen die kubanische Revolution.
Durch und durch gut, auf der einen Seite, durch und durch schlecht auf der anderen.
Unfähig, die Revolutionäre zu hassen (denn auch mein Vater ein Exrevolutionär). Und ihnen doch ihre Gewalt vorzuwerfen, die schädlichen Folgen ihrer selbstzufriedenen,

unreifen, wütenden Engstirnigkeit. Und andererseits all das Geld, das für meine Erziehung ausgegeben wurde, all das, was ich heute bin und ohne sie nicht wäre. Diese Mischung. Und ebenso unfähig, ihre Gegner zu hassen, die vielen Unzufriedenen innerhalb wie außerhalb Kubas, das Exil, wo auch ich nach jahrelangem Leben im Ausland eine immer deutlichere Ahnung von der Katastrophe bekomme, dem Desaster, auf das das Land zusteuert.
Kein eindeutiges Urteil, kein klares Bild des Konflikts, eher ein undeutliches, verschwommenes. Richtungslos. Wie soll man zugleich ja und nein sagen? Ein kategorisches Nein, meinen die einen: auf die *Anklagebank* mit ihnen. Ich verstehe sie. Die anderen optieren für ein kategorisches Ja: über den grünen Klee soll man sie loben. Auch sie verstehe ich.
Nun verstehen Sie auch mich, inmitten dieses Streites, der Jahre dauert.

Amerikas Triumph

Begabte Schüler, die Kubaner der Fünfziger, mit einem Abschluß cum laude in amerikanischer Zivilisation. Die das Gelernte verarbeitet, sich in das verwandelt hatten, was sie auch heute noch sind (zur Verzweiflung ihrer vielen Verbündeten, all der guten Seelen, die ihnen in ihrem »ungleichen Kampf mit dem Nachbarn im Norden« helfen wollen): das amerikanisierteste Volk des Kontinents.

Das mit dem amerikanischen Way of life, der amerikanischen Mentalität, kurz, dem Amerikanischen an sich fest verwachsen ist: als ihr Prisma, durch das sie die Welt betrachten.

Ein Volk, das nach Beendigung seiner Lehrzeit in der Schule der amerikanischen Zivilisation begann, amerikanische Geschäftsmänner hervorzubringen, amerikanische Künstler und ... amerikanische Politiker wie den sympathischen Doktor Fidel Castro.

In derselben Generation gab es noch andere, die begriffen, daß wir die Unabhängigkeit vorantreiben, alle Privilegien der Volljährigkeit anstreben und dabei Wohlstand und Fortschritt für alle erreichen sollten und daß dies möglich war. Auch die Mittel- und Oberschicht, die sogenannte Bourgeoisie, glaubte kurzzeitig daran und unterstützte zunächst den Aufstand, widersetzte sich ihm später jedoch mit aller Heftigkeit.

Als sie sich zur Emigration gezwungen sah, wegen der hier angeführten und noch anzuführenden Gründe, gelangte sie nicht als eine Gruppe verstoßener Ausländer nach Amerika, nicht als Emigranten, die von Null anfangen mußten (auch wenn das der Fall war), sondern mit dem unschätzbaren Vorteil, daß sie bereits eine *amerikanische* Mittel- und Oberschicht *war*, die nur zufällig eine andere Sprache sprach, jedoch keinerlei Mühe hatte, sich mit erstaunlicher Geschwindigkeit zu integrieren.

Blitzschnell, weil sie in Wirklichkeit ihr Land *gar nicht verlassen hatte*. Ihre Gene eingestellt auf die Flut amerikanischer Werbung, ob von den neusten Automodellen oder sonst einem Konsumgut. In seiner Eigenschaft als überseeisches Territorium führte Kuba ein amerikanisches Konsumleben.

Denn das Wirtschaftswunder von Miami, der erstaunliche Aufschwung dieser Stadt, der aus einem verschlafenen Touristennest – einer Rentneridylle – die neue Hauptstadt Lateinamerikas machte, war das Werk derselben Generation, die die kubanische Revolution vorangetrieben hatte: der Kubaner der fünfziger Jahre.

Hat man das so begriffen?

Kuba wäre gern die Vereinigten Staaten

Eine Tatsache, die all die Anhänger der kubanischen Revolution überraschen wird, die sich nicht die Gründe der Auseinandersetzung vor Augen führen, sondern Partei für ein kleines Land ergreifen, für den Mißbrauchten, obwohl es in Wirklichkeit ein Konflikt aus enttäuschter Liebe ist. Kuba wäre gern die Vereinigten Staaten.

Im Gegensatz zu kritischeren Gemütern lassen sich die Kubaner bereitwillig auf die augenfällige Derbheit des Amerikanischen ein, halten solch Leben für erstrebenswert, stellen sich eine Zukunft in Unabhängigkeit vor ... aber nach amerikanischem Muster. Das Bild der häßlichen Vororte, der Sperrholztischchen und Plastikbecher entspricht ihrer Vorstellung von Glück.

So ist jedes Schema verfehlt, das die »kubanische Identität« der »amerikanischen« gegenüberstellt, denn seit ihrem Entstehen zu Beginn des 19. Jahrhunderts wurde

der Charakter, das Kolorit dieser Identität von der amerikanischen gespeist. Sie ist ein Teil ihres Wesens, eines ihrer Grundelemente, wie sich in jeder Epoche, in allen

Bereichen des kubanischen Lebens erkennen läßt, welche man auch immer auf gut Glück herauspicken und unter die Lupe nehmen mag. Angefangen bei unserem sogenannten »nationalen Erwachen«, bei der ungewöhnlichen Tatsache, daß Tomás Estrada Palma, unser erster Präsident, amerikanisch-kubanischer Herkunft war, ein Schullehrer, Quäker dazu, der sich für eine Stippvisite von fünfzehn Jahren nach Amerika begeben hatte, bis hin zu dem nicht weniger erstaunlichen José Martí, unserem »Nationaldichter«, dem »Apostel unserer Unabhängigkeit«, einem leidenschaftlichen Liebhaber alles Amerikanischen, das ideale Medium einer nationalistischen Religion mit explizit amerikanischer Ausprägung.

Mit anderen Worten, es hat immer etwas Richtiges, Wahres in der Doktrin vom »Manifest Destiny« gelegen, nach der sich Amerika bestimmt sah, sich über den ganzen Kontinent auszudehnen. Aber nicht im verhängnisvollen Sinn der Besetzung und Unterjochung, sondern in dem tatsächlicher Nachbarschaft. Des unvermeidlichen Einflusses, der Nachahmung, der Bewunderung, Verärgerung, des Hasses.

Und der Liebe.

Doch wie unglaublich wenig ahnen die USA von dem Gewicht, das sie in den kubanischen Angelegenheiten besitzen. Sie agieren, als wären sie ein Land wie jedes andere, eines unter vielen im Chor der Nationen, und nicht der Existenzmittelpunkt, um den, wie man behaupten kann – ich behaupte es hier –, die Insel Kuba kreist.

All die Jahre über hing die Relevanz der kubanischen Revolution von diesem weißen Fleck ab, vom Fernhalten Amerikas, die Revolution fungierte als Regelventil von Amerikas Einfluß, das sich erübrigen würde, wenn da nicht dieser Gegendruck wäre, den die Amerikaner auf die Insel ausüben.

Die kubanische Revolution wirkt als Sonnenschirm, je mehr Schatten sie wirft, desto mehr liebt man sie, wenn die Sonne hoch am Himmel steht. Unverzichtbar ist der großzügig gespendete Schatten, wenn das Gestirn starr auf uns gerichtet ist.

So sehr konzentriert es sich auf uns, daß es versengt. Würde es sich zurückziehen, uns kurz aufatmen lassen, der Sonnenschirm wäre vergessen. Wozu brauchten wir ihn in der frischen Abendluft? Die Amerikaner ahnen nicht, wie sehr man sie liebt, sie nachahmt, sich nach ihnen richtet. Von Fidel Castro selbst (er vielleicht am meisten) bis zum letzten Kind auf der Insel (das davon träumt, in Amerika zu leben). Durch und durch ist sie von seinem Einfluß durchdrungen, mehr als fast jedes andere Land, könnte man sagen. Es gibt keinen vergleichbaren Bezugspunkt, kein vergleichbares Gegengewicht.

Ein Gefühl, das auf Kuba die ganze Zeit über präsent war: daß Amerika integrierender Bestandteil ist, kein feindlich einfallender, verbildender Fremdkörper, als den es die kubanische Revolution hinstellt. Und ich selbst in einem anderen Teil meiner Argumentation. Ebenso täuschen sich die USA, wenn sie Kuba als fremdes Territorium ansehen. Was es ohne Zweifel ist, aber in weit geringerem Grad als womöglich jedes andere Land dieser Erde. Daher der falsche Umgangston, die polternde Rachsucht, wo das liebevolle Verständnis dessen angebracht wäre, der mit seinem eigen Fleisch und Blut schimpft.

Wie man die Hälften zusammenbringt

Es ist also ein Irrtum, zu glauben, die kubanische Revolution habe den Lebensstandard der Bevölkerung heben wollen, all diese fälschlich von der Führungsriege genannten Gründe. Sie fand in erster Linie statt, damit man den Vereinigten Staaten beweisen konnte, daß man nicht unter ihnen stand, sondern auf gleicher Höhe, diese Zwangsvorstellung. Ein vergeblicher Versuch, das Unbeweisbare zu beweisen: daß sie keine Amerikaner zweiter Klasse waren. Ich glaube nicht, daß das ein »Ausländer« wie Guevara jemals begriffen hat, jemand, der die Amerikaner haßte, sie nicht insgeheim und verschämt liebte wie die Kubaner.

Aber wie bringt man die Hälften eines Ganzen zusammen, Miamis wirtschaftlichen Erfolg und die kubanische Revolution mit ihrem Entwurf einer Nation? Wie erreicht man, daß beide verschmelzen, wieder zu einem werden, sich die zwei Schalen wieder zusammenfügen? Darauf kommt es an, denn im augenblicklichen Zustand kann mich keine der Hälften beeindrucken.

Miami, angestachelt von seinem Erfolg und zutiefst irregeleitet von seinem Erfolg. Was bedeutet? Ohne Antwort bleibt – auch für mich – die Frage: Wüßten die Leute dort, wie man Miami in ihr ursprüngliches Land, nach Kuba, verpflanzen soll, nach einer Etappe, die sich schon länger hinzieht als jeder vorstellbare Postdoc-Aufenthalt im Schoß Amerikas? Für mich läßt in Miami nichts darauf schließen, daß man dort überhaupt eine Vorstellung davon hat, wie das anzupacken wäre.

Wo es sich nicht einmal in einer echten Partei hat organisieren können! Wo es nicht einmal die eigenen Politiker (wer will, kann sofort die Probe machen), die eigenen Geistesgrößen, die eigenen Schriftsteller kennt! Wo sich doch die ganze kubanische Diaspora in Wirklichkeit aufgegeben, nichts Wichtiges hervorgebracht hat, keine Mäzene von Gewicht, keine Ideen! Wo ich mich nie des Gefühls erwehren kann, daß dort alles unfertig ist und im Sand verläuft!

Bei meinen wenigen Besuchen in Miami habe ich als Schriftsteller an »kulturellen Veranstaltungen« teilgenommen, die einem kleinen Provinznest gut zu Gesicht stünden, aber nicht einer so großen Stadt, nicht dieser boomenden Metropole, auf die man sich dort zu Recht etwas einbildet. Fehlende Tiefe, fehlender Weitblick, daß man sich für sie schämen muß und sich fragt: Diese Leute, die im Grunde weiterhin als Kinder unter Vormundschaft leben, die wollen eine Nation aufbauen, ein Land regieren, wollen die verhaßten, vulgären und plumpen Funktionäre der kubanischen Revolution ersetzen?

Dies ist, werden mir einige sagen, das Los eines jeden Exils: Miami ist kein Land. Aber trotzdem und gerade darum!

Und über die kubanische Revolution und ihre Funktionäre habe ich bereits zur Genüge geredet. Nur haben sie wenigstens das (allerdings noch unerreichte) Ziel, eine Nation aufzubauen, mit dem Ernst und der Würde eines erwachsenen Landes. Ein solches Ziel, man mag es drehen und wenden, wie man will, fehlte im Kuba vor 1959. Ich rede hier nicht von den so oft bemühten Prostituierten und nicht von der Korruption, die heute auf Kuba, soviel steht fest, weit geringer ist als je zuvor, sagen wir, von anderer

Natur, wenn auch, das gebe ich zu, womöglich verbreiteter: weniger greifbar, dafür jedoch allgegenwärtig. Nein, ich meine, es fehlten solide staatliche Institutionen, eine unabhängige Regierung, die das Heft in der Hand hält und eine eigene Stimme im Kreis der Nationen hat, es fehlte die Sorge um die Grundpfeiler einer nationalen Identität, um die Literatur – eine Sorge, die sich später als erdrückend erweisen sollte –, um das Schöpferische, um die Gründung von Verlagen, da es vor 59 nur Amateurdruckereien gegeben hatte (doch paradoxerweise die besseren Bücher, die besseren Autoren).

Aus beiden Gliedern eine Gleichung machen, die aufgeht: diese unmögliche Operation.

Sub specie aeternitatis

Süße Rache

Der Fahrer des Taxis oder der Limousine, der mich an einem regnerischen Morgen vor fünf Jahren am Flughafen Charles de Gaulle abholte und dessen Gegenwart mich überraschte, wie er da neben seinem blitzenden Wagen stand. Ich hatte den Zoll passiert, mich gefragt, ob ich ein Taxi oder den Zug nehmen sollte, und da stand auf einmal dieser Mann und wartete mit einem Schild auf mich, darauf in Handschrift mein Name. (Mein französischer Verleger hatte ihn vorsorglich geschickt.) Ein Mann in den Vierzigern, gekleidet wie eine wichtige Persönlichkeit, im perfekt geschnittenen Anzug, und ich staunte über Frankreich und seine Chauffeure (oder Taxifahrer).

Womöglich hatte er sich vorher erkundigt, wen er abholen solle, und als er erfuhr, einen *écrivain cubain*, hatte er sich wohl gedacht, ich könnte ihm frische Nachrichten über Kuba bringen, über die »ungleiche Konfrontation«. Sobald uns ein Stau auf der Einfallstraße nach Paris aufhielt, wandte er sich zu mir um und fragte interessiert: »Kubaner? Aus Kuba?« Und ich fixierte für ein, zwei Augenblicke die Leitplanke. Resigniert. Entschlossen, Enthusiasmus vorzutäuschen, falls man das von mir erwartete, nicht bereit, mich auf Erklärungen einzulassen, erschöpft nach dem langen Transatlantikflug. Aber der Mann ging subtiler vor, intelligenter. Er stöberte in seinen Cds, holte eine hervor, pustete den Staub darauf weg (eine unnötige Geste all derer, die mit den alten Schallplatten aufgewachsen waren, wie ich selbst) und beobachtete im Rückspiegel, wie ich die ersten Akkorde eines Liedes wiedererkannte,

das damals in aller Welt gespielt wurde: Vor ein paar Monaten hatte ich es in einem *Starbucks* in New York gehört, dann im Haus meiner Freunde in Mexiko-Stadt.
Tränen traten mir in die Augen in dieser Limousine, als ich begriff, was mir der Chauffeur hatte sagen wollen. Daß Kuba mehr ist als die kubanische Revolution, größer, ergreifender, wissen Sie? Wobei die kubanische Revolution auf ihren Platz verwiesen wurde, den sie nie hätte verlassen dürfen. Da war es wieder, das fröhliche, liebenswertere Gemüt der Insel Kuba.
Allerdings eine Musik, das muß ich zugeben, die ich während meiner Kindheit niemals gehört hatte, sondern mit den Onkeln und Tanten meiner Mutter assoziierte, greisen Leuten, die gebrechlich wirkten. Ängstlich vermied ich es immer, bei ihnen zu Hause irgend etwas zu berühren, und verwahrte den Bonbon, den sie mir schenkten (und aus einem riesigen Weckglas fischten, in dem er ihren tastenden Fingern immer wieder entwischte), ohne Lust, ihn mir in den Mund zu stecken. Später, als ich den ersten Musikunterricht erhielt, schenkte mir einer dieser Onkel, ein Musiker, eine hervorragende Flöte, die ich niemals zu spielen lernte, denn während ich darauf wartete, daß die Schule einen Lehrer für dieses Instrument einstellte, lernte ich zusammen mit meiner Schwester und fing mit dem Klavier an.
Die Musik als süße Rache, dachte ich mir. Als hätten die Musiker geduldig den Auftritt der ersten Gruppe der Nacht abgewartet, der jüngeren, frenetischen, überschwenglichen kubanischen Revolution. Und nachdem diese abgetreten war, sich heiser geschrien hatte, der Auftritt der alten Musiker, die mit sanfteren Tönen zu den Anfängen zurückkehrten, in ihre Musik das hineinmischten, was

vielleicht Kubas größten Triumph darstellt, nämlich nicht die gerechtigkeitsliebende Revolution, das »erste freie Territorium Amerikas«, ein Ziel, das mit aller Härte und eiser-

Fernando Collazo -sentado al centro- con su magnífico **Septeto Cuba**. De pie y de izquierda a derecha: Alfredito Rivero, contrabajo y tercera voz; José Interián, trompeta; Heredio Loinaz, maracas; Eloy Collazo, claves; Marino González, bongoes; Fernando Collazo, voz segunda, guitarra y director; y Enrique García, voz prima.

nem Willen verfolgt worden war, ohne Glauben. Sondern: ein Schmelztiegel der Rassen, der Kulturen, wie das Land etwa in seiner besonderen Art zeigt, Musik zu machen und die Welt weitherzig in all ihrer Vielfalt zu verstehen.
Ich atmete bei diesen Klängen im Wagen erleichtert auf: zurück in einer früheren Zeit, die dem sympathischen Doktor Fidel Castro, der kubanischen Revolution rein gar nichts verdankt. Ist das nicht wunderbar?

Denn es hatte schon den Anschein, wir würden als hartes, militantes Land in die Geschichte eingehen, was wir nicht sind. Welchen Freund Kubas hätte diese Ambivalenz nicht erstaunt? Beinahe ist es der kubanischen Revolution gelungen, das Bild zu verändern, das man sich von uns macht, für immer schien sie festgeschrieben zu haben, was die Welt über Kuba denkt, hatte ein anderes Klischee (wollen wir es so nennen) vor seine tanzlustige Natur geschoben. Doch nun waren sie wieder da, diese Musiker, waren ins alte Flußbett zurückgekehrt.

Was tun mit der kubanischen Revolution?

Von einem Blickpunkt in weiter Zukunft aus gesehen: die ferne Bestandsaufnahme dessen, der seine Vorfahren studiert, leidenschaftslos.
Was tun mit der kubanischen Revolution? Welchen Platz soll man ihr zuweisen? Soll man so tun, als hätte es sie nie gegeben?
Fragen, die wieder zur alten Polemik führen: Hatte Kuba vor 59 eine Art Unabhängigkeit erreicht (zu dieser Ansicht neige ich) oder war es weiterhin (wie es die Doktrin darstellt) ein Protektorat, schlecht verwaltet von schlechten Politikern, darauf konzentriert, sich an den schönen Kubanerinnen zu erfreuen und die schöne Insel Kuba auszubeuten?
Doch einerlei, welche Antwort zutrifft, entscheidend ist für uns, daß die kubanische Revolution stattgefunden hat, ob es uns gefällt oder nicht. Kuba ist ein völlig anderes Land als damals.
Vollkommen unabhängig?
Ja. Sogar unabhängiger als ratsam.
Was auch immer man in Zukunft aufbauen wird: dies ist die Basis. Es leugnen oder als unerwünscht abtun wäre ein Irrtum, ein Abguß der Revolution selbst mit ihrer Mentalität der Tabula rasa. Statt dessen: sie wohlüberlegt einbeziehen, ohne Schuldzuweisungen. Als Übel und Reichtum zugleich, als eine Einzigartigkeit.
Gelassene Verwalter ihres Erbes, die pragmatisch mit ihrem Kapital umgehen, ohne die sentimentale Last all dieser Schwarzweißfotos. Die kubanische Revolution auf die

Erde holen, in den Bereich der Analyse (anstatt sie auf den hohen Sockel zu heben). Kein Heldenlied, kein Epos. Ein kurzes Verweilen bei den Fotos jener Erwachsenen mit den kindlichen Grimassen. Voll Verständnis. Dann Raum schaffen, uns von allem Alten und Angeberischen trennen. Und ist ein gutes Möbelstück darunter, solide und haltbar, dann ins Wohnzimmer damit, neben das Klavier, als Erinnerungsstück.
Diese Einstellung.
Kein Tribunal errichten (auf dem Rücksitz dieses Taxis), das liegt mir fern. Nicht das Tribunal der Geschichte bemühen, um es deutlicher zu sagen. Heute ist mir klargeworden, Oman (zum Taxifahrer aus Kamerun): bloß nicht von der Höhe (und mit dem Flammenschwert) eines Tribunals aus urteilen.
Eher *sub specie aeternitatis* betrachtet.
Vom Blickpunkt der Ewigkeit aus.

Ist dies eine politische Schrift?

Ist dies eine politische Schrift? habe ich mich gefragt. Hat einer meiner bevorzugten Autoren, ob Borges, Vladimir Nabokov oder Proust, politische Schriften hinterlassen? Nein, mußte ich mir antworten. Vielleicht ist etwas Verdammenswertes an politischen Schriften. Etwas Abscheuliches, Schmutziges. Und eines Morgens begriff ich, dies ist keine politische Schrift. Sie wäre es, wenn Kuba nichts anderes darstellte als ein Land in Schwierigkeiten, mit einem System, das man als Tyrannei beschreiben könnte, mit einem Tyrannen (ein Wort, das ich vermieden habe, weil es – dies Gefühl hatte ich von Anfang an – nicht dem entspricht, was ich zum Ausdruck bringen will). Aber da wir es mit etwas Wesentlicherem zu tun haben, mit einer größeren Tragödie, mit der einschneidendsten metapolitischen (oder außerpolitischen) Erfahrung des 20. Jahrhunderts – dem Totalitarismus, der jede Politik an sich unterdrückt –, ist dieses Buch keine politische Schrift.

Es geht darüber hinaus, ist ein Anliegen, das von außerhalb der Politik kommt und ihre Wiedereinführung fordert, die Rückkehr zum Alltag, zur »Schmutzarbeit« der Politik, damit alles wieder in den Händen der Politiker ruht und es Schriftsteller geben kann, die versuchen, politische Schriften zu schreiben. Nicht ich.

In diesem Buch haben sich all die Male angestaut, da ich an einem Sonntag nicht aufstehen und wählen gehen konnte. In Jeans und mit meinem Kind an der Hand. Zur Wahlkabine. Eine Bürgerpflicht. Wie jemand, der sich sagt: Es muß etwas getan werden. So kann es nicht weitergehen.

Das mindeste, was mein Land von mir verlangt. Meine Stimme.
Von unten anfangen, so einfach. Kein Manifest.

Triumph der kubanischen Revolution

Es ist ein alter Streit, und gewaltig ist der angestaute Überdruß. Das Warten auf den Augenblick, da bequem und ohne die Hand plumper Mörder der Tod den Schlußpunkt unter dieses Drama setzt, den ärgerlichen Spieler von der Bühne nimmt, der geballt das ganze Übel repräsentiert. Keinen Gedanken verschwendet man an den Ausgangspunkt, an den historischen Fehler, der sein geheimer Motor ist. Man ignoriert oder bagatellisiert die bleibende Gültigkeit, die Stoßrichtung seiner These: daß die Vereinigten Staaten Kuba als ein minderjähriges Land betrachten, dem man unverhohlen (und ohne daß sie etwas Böses daran fänden) vorschreiben kann, wie es sich zu verhalten, mit wem es zu verhandeln hat, welches Regime es annehmen soll und, was das Wichtigste ist, worin ihrer Ansicht nach sein Verhalten gegenüber den Vereinigten Staaten selbst zu bestehen hat: in rückhaltloser Zustimmung, gewissenhafter Befolgung ihrer Diktate, einer vollkommenen Eingliederung in ihre Hemisphäre.

So kann ich an diesem Punkt die Behauptung aufstellen: Trotz allem, trotz seiner rückschrittlichen Politik, seiner maßlosen Demagogie und seines Populismus, trotz der eisernen Unterdrückung eines ganzen Volkes steht Fidel Castro zweifellos für einen *Schritt nach vorn* (und einen wichtigen dazu). Verglichen mit dem Kuba vor 1959 oder jedem anderen Modell (einer Nation?), das den Konflikt Kuba–Amerika nicht als Kernstück, als Voraussetzung für Leben, Wachstum und Volljährigkeit der kubanischen Nation erkennt.

Kein erzwungenes Abschwören

Ich kann mir nicht vorstellen, daß eine postrevolutionäre Regierung, die der kubanischen Revolution (ja, genau, der schrecklichen, grausamen kubanischen Revolution) abschwört, sie verleugnet, diesen geschichtlichen Moment verrät, irgend etwas aufbauen könnte. Sich von ihr lossagen, ihr jeden Wert absprechen, nicht begreifen, welche Nachteile ihr ein offenes oder stillschweigendes Leugnen der kubanischen Revolution brächte, wäre ein folgenschwerer Fehler, den sie sehr schnell beklagen würde und dessen Wiedergutmachung Jahre, Jahrzehnte in Anspruch nähme.

Doch genau das fordern die Vereinigten Staaten in ihrer Blindheit: daß dieses Glied abgebunden wird, daß ein »Post-Castro-Kuba« öffentlich der Revolution abschwört.

Sie wollen, kurz gesagt, eine Rückkehr des Landes zum Status der Minderjährigen, den die kubanische Revolution aufheben wollte, mit Erfolg, wenn auch zu einem erschreckend hohen Preis.

Ich sehe – sosehr ich die Presse durchforsche und mir Entwürfe für einen postrevolutionären Wiederaufbau anschaue – keine Anzeichen dafür, daß man dies begriffen hätte, weder die wichtigsten Vertreter des Exils noch die meisten der jüngst aufgetretenen Dissidenten im Land.

Nur die verlästerten und gefürchteten Nachfolger Fidel Castros scheinen dies verstanden zu haben. Sie erklären in der Öffentlichkeit und vor allen möglichen Foren, daß sie dies niemals tun werden: die Prinzipien, die Werte

und Errungenschaften der kubanischen Revolution verraten.
Doch ihrer Erklärung fügen sie sogleich hinzu, daß sie rein gar nichts zu bereuen haben, sprechen als Unbescholtene, verdammen nicht die revolutionäre Gewalt, die Übergriffe der Revolution, wieviel Menschenleben sie gekostet hat, finden nichts bedauerlich.
Und was noch schlimmer ist: Ich habe den Verdacht, sie lügen voll Hinterlist, wenn sie behaupten, daß sie standhaft die Errungenschaften der Revolution verteidigen werden, nein, sie werden sich an ihre schlimmsten Seiten halten, die am wenigsten zu verteidigen sind, ohne sich darüber im klaren zu sein (zumindest in meinen Augen), worin tatsächlich die größte Errungenschaft der kubanischen Revolution besteht, auf welchem Gebiet sie niemals zurückweichen dürfen.
Nämlich auf diesem: dem der Souveränität, die mit Feuer und Blut erkämpft wurde.

War die kubanische Revolution nötig?

Wieviel hatte ich nicht seit Jahren schon über die kubanische Revolution nachgedacht, philosophiert, als ich in Mexiko eintraf, im Winter 1994. Ich hatte die Perestroika miterlebt, den fruchtlosen Versuch, den Sozialismus zu reformieren, während all der Jahre, die ich in Rußland lebte, hatte von den ersten Anfängen dieser neuen Revolution an fieberhaft die Fernsehberichte vom ich weiß nicht wievielten Parteitag der KPdSU verfolgt (und hatte, wenn ich unterwegs war, im Bus die Direktübertragungen im Radio gehört), hatte mich über den kleinsten Sieg der Genossenschaften gefreut (über die brandneuen Jeans, die ich mir bei einer von ihnen gekauft hatte) und frustriert festgestellt, daß all dies keinen Fortschritt in irgendeine Richtung zu bedeuten schien und das Land in der tiefsten Krise versank. Ich beklagte mich bitter, als die erste Finanzpyramide in sich zusammenbrach, weil ich mich nicht beizeiten beteiligt hatte (und erst recht nicht beizeiten ausgestiegen war), wenn ich mir auch meine letzten Ersparnisse aufgehoben hatte und sie dafür verwendete, meinen ersten Roman zu schreiben, den ich bezeichnend Enzyklopädie eines Lebens in Rußland nannte und der mehr oder weniger von alldem erzählt.
Ich hatte begriffen, daß das, worin ich meine ganze Kindheit und Jugend verbracht hatte, dies »Modell«, das dann die gesamte Sowjetunion und später Kuba hatte reformieren und bessern wollen, an sich unreformierbar, unverbesserlich war. Und ich sagte mir: ohne mich. Verließ zum zweiten Mal in weniger als zehn Jahren ein Land, meine

Adoptivheimat. Gelangte nach Mexiko (meine Überraschung angesichts all der Werbeplakate auf spanisch, als ich vor dem Flughafen auf ein Taxi wartete) und sah dort nach vier Monaten, wie mein Lohn auf die Hälfte zusammenschmolz, zu Beginn der schrecklichen Wirtschaftskrise von 94.

Die Wohnung, die uns die Hälfte (mehr noch!) meines Lohns kostete. Wir lebten von einem Halbmonatslohn zum nächsten und mußten uns am Ende des Monats unweigerlich Geld leihen, so kleine Beträge, daß ich heute, wenn ich daran denke, ein Lächeln nicht unterdrücken kann und meine Freunde vor mir sehe, ebenso arm wie ich, die sie mir mit dem größten Ernst der Welt liehen und erleichtert aufatmeten, wenn ich sie ihnen zurückzahlte. Nur einer erließ mir großzügig meine Schulden Ende des ersten Jahres mit den Worten: »Behalt es, als Weihnachtsgeschenk.« Ich, der ich gerade erst aus einem Land in Trümmern gekommen (zuvor in einem Land in Trümmern geboren) und nun in ein Land gelangt war, das sich erst fälschlicher- und täuschenderweise im Aufschwung befand, um dann in die tiefste Krise zu stürzen, ich und meine Frau, die wir schlimmere Krisen erlebt hatten, sagten uns: Wir bleiben, komme, was wolle. Wohin sollten wir jetzt noch gehen?

War die kubanische Revolution nötig?

Unermüdlich stelle ich mir diese Frage, in allen Städten, in denen ich abends eintreffe und wo mich über den Gesprächen mit alten Freunden manchmal der Morgen überrascht, während wir ein ums andere Mal auf die gleichen

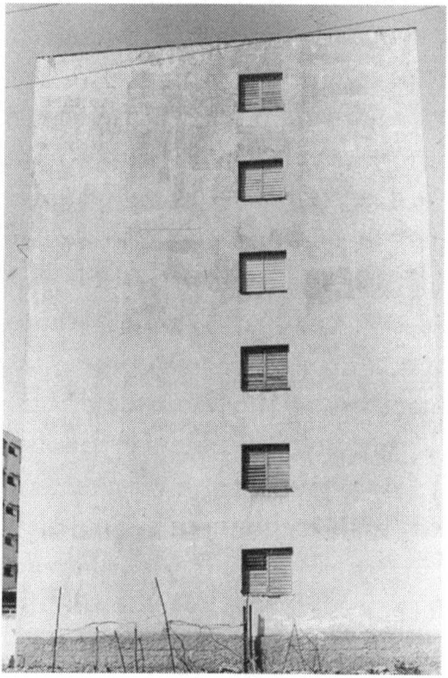

Fragen zurückkommen. Und der Antwort entsprechend, die mir ein Freund gibt, ein Maler, ein Schriftsteller, ein Arzt (mein Bruder, mein Vater), sehe ich, wieweit er diese Angelegenheit verstanden hat, die so komplex ist, so heikel, und die ich vergeblich in so vielen Taxis zu erklären versucht habe.

Denn meine Antwort lautet, sosehr es die verblüffen mag, die bis hierher gelesen haben und einen gemäßigten Geist in mir sehen, jemanden, der bereit ist, den Standpunkt des anderen zu hören, all diese lobenswerten Eigenschaften, die ich zweifellos besitze oder mir einbilde, zu besitzen, trotz alldem lautet meine Antwort: nein.

Sie war nicht nötig.

In Anbetracht des schwindelerregend hohen Preises, des tiefen Bruchs, der Orientierungslosigkeit, des ungeheuren Traumas, in dem das Land versunken ist und das zu überwinden lange, lange Jahre dauern wird.

Ein negatives Saldo. Kein Land auf Erden braucht eine Revolution und schon gar keine wie die kubanische, diese gewaltsame, selbstgefällige Revolution mit ihren Extremlösungen. So schwerwiegend die Mißstände auch sein mögen, so tief der Abgrund erscheint, in dem es sich befindet, und so langwierig und partiell jede Lösung, die man in Angriff nimmt.

Es gibt immer Auswege, und ein Land sollte sie suchen und nie auf Lösungen hören, die sich ihm (schillernd) als schnell und einfach darstellen. Dies führt auf einen Weg voll Leid. Mag man auch zu Anfang relativ schnell vorankommen, man treibt gewaltig ab, entfernt sich von sich selbst auf einem willkürlich auferlegten Kurs, der nie zu einem sicheren Hafen führt, niemals.

Die kubanische Revolution hat gesiegt

Und doch muß ich nach all dem Gesagten feststellen: Die kubanische Revolution hat gesiegt.

Ohne jede Spur von Ironie. Sie sind die Sieger. Sie sind es, die das Land in den nächsten Jahren voranbringen müssen, ob Fidel Castro nun lebendig oder tot ist.

Ich sehe offen gestanden nicht, wer sonst in Frage käme.

Nicht die Dissidenten, die sich heute eher in der Zivilgesellschaft als in der Politik engagieren; und schon gar keiner der Repräsentanten des Exils, kompromittiert (politisch? in den Augen der Öffentlichkeit?) durch all die Jahre in den USA.

Nur sie, die Erben der gewaltsamen, selbstgefälligen kubanischen Revolution.

Das heißt, wer gegen die Vorstellung von Ruhm und Bedeutung der kubanischen Revolution gefeit ist, wer sie ganz und gar nicht als etwas ansieht, was »objektiv gesehen« unbedingt geschehen mußte, der ist auch gegen die Idee gefeit, daß eine neue »Revolution« notwendig sein könnte, ein abrupter Wandel, eine Umwälzung, die all die Schäden des ersten gewaltsamen Wandels, der ersten Umwälzung behebt.

Vor derlei muß man gefeit sein, muß ihm abschwören, aus tiefstem Herzen und mit aller Kraft, wenn auch nicht revolutionär, da sei Gott vor!

Ihrem gewalttätigen Erbe abschwören, doch nicht so tun, als wäre nichts geschehen. Eindeutig und öffentlich Reue sollte man zeigen, unmißverständlich die Übergriffe verurteilen, doch zugleich das Beste retten (die umfangreichen Maßnahmen in der Sozial- und Bildungspolitik; alles, was ich hier so vielen zum Mißfallen erwähnt habe), um des Neuaufbaus willen. Ansonsten würde aller Schwung im unverhohlenen Zynismus versickern, im Sumpf dessen, der keinerlei Schuld eingesteht und damit rechnet, daß man leben und lügen kann, als wäre nichts geschehen.

Keine Abrechnung, keine Schnellverfahren, keine zweite kubanische Revolution. Dafür eine klare Zurückweisung ihres zutiefst antidemokratischen Charakters – der eher einem Militärkommando als einer Regierung entspricht –, die Berücksichtigung der anderen Akteure im politischen Spektrum, Platz für sie schaffen, sie beteiligen, eine freiwillige Besinnung.

Sie dürfen nicht hochmütig damit rechen, daß sie ohne Risiko und ohne daß es das Land teuer zu stehen käme, weiterhin die Macht monopolisieren können. Müssen ihre spezifische Ausrichtung (den Fidelismus? seine Erben?) als eine Facette unter vielen begreifen und sich, kurz gesagt, in einer Partei organisieren, in einer wirklichen politischen Partei.

Sie sollten den Staat nicht länger als Leviathan verkörpern, sondern sich lossagen von einer so monströsen Idee. Im Grunde eine tausendmal größere Verirrung als die endemische Korruption im Kuba vor 1959, die die kubanische Revolution hatte beseitigen wollen.

Postrevolutionäre Aristokratie

Erst nach einigen Jahren in Mexiko begriff ich, in was für ein Land ich gekommen war und daß ich wie mit einer Zeitmaschine in eine ferne postrevolutionäre Ära gereist war.
In der sich die Generäle der Revolution (das Pendant zu den *comandantes* auf Kuba) seit vielen Jahren in erfolgreiche Unternehmer verwandelt hatten. Alle Städte im Land mit Schulen, deren Namen ans ferne Heldenzeitalter erinnerten und die von Parteiführern eingeweiht wurden, den Enkeln der legendären Revolutionäre, die auf dem Podium zur flammendsten Revolutionsrhetorik griffen. Und auf der Regierungsbank die Partei, die die Ideale der fernen (mexikanischen) Revolution geerbt hatte. Eine zufriedenstellende Erklärung für die ungeheure Solidarität Mexikos mit Kuba, das ein symbolisches Terrain darstellt – das der Revolution –, auf das Mexiko stolz ist.
So hatte ich während nur einer Lebensspanne auf Kuba die Kindheit der sozialistischen Revolution erlebt, all ihre Grausamkeit und ihren Enthusiasmus, dann 1991 in Rußland ihren Zusammenbruch, und zu guter Letzt brauchte ich nur in ein anderes Land umzuziehen – nachdem ich das Dickicht der Jahre durchquert hatte, wie ein Reisender, der zu einem Planeten gelangt, der dem Erdenleben um viele Jahre voraus ist –, um in einen fernen postrevolutionären Staat versetzt zu werden, den mexikanischen.
Da wurde mir bewußt, wieviel Zeit eine solche Umwandlung benötigt, wie sie Mexiko erlebt hatte, und wie allmählich erst dies Gebilde Gestalt angenommen hatte:

nach Jahrzehnten! Entsetzlich, wenn man sich das vor Augen führt! In diesem Licht wurde mir wieder klar, wie viele Jahre nötig sein werden – wenn man nichts gewaltsam erzwingen will (und da sei Gott vor!) –, um Kuba neu

zu ordnen. Und daß man den sozialen Frieden mit einem toleranten Regime wird erkaufen müssen. Unter dem sich die beiden Wege, die sich Anfang der Sechziger trennten, wieder vereinen können.

Und zu guter Letzt das Wichtigste, das viele wohl am meisten schmerzen wird: Wollte man einen demokratischen Prozeß durchsetzen, der alle politischen und, mehr noch, alle wirtschaftlichen Interessen der heutigen Politikerklasse auf Kuba ignoriert, beginge man einen folgenschweren Fehler, der zu einer Wende führen, das Land auf einen Pfad voller Unruhen drängen würde, mit unvorhersehbaren Konsequenzen.

(Wollen wir zugeben, daß die heutige Politikerklasse auf Kuba aus selbsternannten Usurpatoren besteht. Aber wie sie von der Macht trennen? Das heißt, wir alle wollen Demokratie, aber wie sie einführen? Mittels freier Wahlen. Aber wie? Indem man die aktuelle Politikerkaste dazu zwingt. Aber wie? Mit Hilfe der internationalen Gemeinschaft (sprich Amerika). Aber wie? Mittels Sanktionen. Aber wie? Indem man ihr keine Kredite gibt, zu einem Embargo greift, wenn nötig. Aber gibt es nicht bereits ein Embargo? Usw.)

Ein Buch, mit Blick nach vorn geschrieben

Dies Buch ist mit dem Blick nach vorn geschrieben.
So fallen hier all die Anführungszeichen weg, mit denen ich einige Wörter relativieren wollte, als ich etwa bitter von den »Errungenschaften« sprach. Denn man muß anerkennen: Errungenschaften. Das Positive übersteigt bei weitem das Negative. Wie gut man im Land ausgebildet ist, sein unschätzbares menschliches Kapital, und wie schnell es auf die Beine kommen wird. Zweifellos. Aus der Distanz gesehen, zeichnet sich deutlich diese Tendenz zum Fortschritt ab, dieser Impuls, dessen kritische Masse in den Fünfzigern entstanden war.
Politisch gesehen – die Details werden sich mit der Zeit von selbst ergeben – vielleicht der beste Grundstock in ganz Lateinamerika. Das heißt, gewissermaßen weiter entwickelt, eine sehr viel größere Ballung von Kenntnissen als bei sonst einem Volk des Kontinents.
Und als wollte uns das Schicksal zulächeln, kommt noch das Kapital aus dem Exil hinzu, das sich engagieren und in ein Land investieren wird, das sie dort niemals aufgehört haben zu lieben, ganz im Gegenteil!, das sie aus tiefstem Herzen lieben, durch und durch kubanisch, ja kubanischer noch durch die langjährige, schmerzhafte Erfahrung der Heimatlosigkeit. Ich fühle mich heute ganz besonders optimistisch, Nguyen, wenn ich nach vorn blicke. Vergessen all das Schlechte, Negative (und Pessimistische), das ich in anderen Taxis verbreitet habe. Ein jubelnder Optimismus kommt in mir hoch. Und ein tief empfundener Patriotismus. Mein Land, wissen Sie?, das auch ich nicht aufgehört

habe zu lieben, während all dieser Jahre. Ein Ort, der, wie soll ich sagen?, ganz besonders ist, einzigartig! Ein klügeres, talentiertes Land als alle anderen auf der Welt.
Und das schönste!
So außergewöhnlich, so tüchtig, so talentiert, und, was Sie vielleicht nicht wissen, das Telefon wurde mit großer Wahrscheinlichkeit auf Kuba erfunden ... Antonio Meucci, ein Italiener – das ist historisch belegt! –, der mehrere Jahre im Operntheater in Havanna angestellt war, als leitender Ingenieur. Dort hat er allem Anschein nach die Idee des Telefons entwickelt (die ihm später Bell stehlen würde). Ein fortschrittlicheres Land als alle anderen Lateinamerikas! 1959 fraglos im Aufschwung begriffen und heute eindeutig das beste und am gründlichsten ausgebildete. Das sich wie der Phönix aus den Ruinen erheben wird (auch wenn ich vorher, ein paar Kapitel früher, das Gegenteil behauptet und ungeschickt entgegengesetzte Argumente angeführt habe). Ich widerrufe! Es wird, da bin ich mir sicher, aus der Asche auferstehen. Eine einzigartige Zukunft, die man allein schon daran ablesen kann, wie einzigartig wir Kubaner tanzen. Besser darin als alle anderen (ohne Ironie). Ganz zu schweigen von den Künstlern, den Technikern: das am besten ausgebildete Volk, dessen geistiger Horizont die schwierigsten Probleme der Weltpolitik bewältigt. Und wie umfassend, wie detailliert sind die Kenntnisse eines jeden Gesprächspartners, wen auch immer man sich auf der Straße zufällig herausgreift.
Dies ist ein Buch, das mit dem Blick nach vorn geschrieben ist.

Epilog

Was ich nicht alles bei einem Mittagessen – nachdem ich gegen den anfänglichen Widerwillen angekämpft hatte, über das Thema zu sprechen – einer Gruppe italienischer Parlamentarier erklärte, die die Meinung eines Autors hören wollten, dessen Bücher, wie man ihnen vorher sicher gesagt hatte, nicht von der kubanischen Revolution handeln, sondern Geschichten erzählen, die in so fernen Städten wie Istanbul und Helsinki spielen, und deshalb frei vom Verdacht des Extremismus, ohne Parteiinteressen oder politische Ambitionen.
Frohen Mutes begab ich mich zu dem Restaurant in Mexiko-Stadt, erwartete mir ein empfänglicheres Publikum, mit dem ich mich leicht würde verständigen können und das Bescheid wußte über das komplizierte Leben auf Kuba, die angespannten Verhältnisse, die dort die endlose Revolution diktierte. Schwungvoll begann ich meine Rede, sobald man mir das Wort gab, nachdem sich der Herr Abgeordnete zu mir gebeugt und sich ganz en passant (obwohl ich nur deswegen eingeladen worden war) erkundigte hatte: »Was meint der Herr Schriftsteller?« Oder etwas in dieser Art.
Was ich nicht alles sagte, gegen meinen sonstigen Widerwillen, das Thema zu behandeln, ausführlich zu erläutern. Ohne es diesmal leichthin abzutun, wie ich es bei all den Gesprächen nach Tisch gelernt hatte, mit Hilfe eines harmlosen Scherzes, eingeworfen mit der vorgetäuschten Unbekümmertheit dessen, den nichts interessiert, der all das hinter sich hat, nicht aufgelegt dazu, meinen liebens-

würdigen Gastgebern zu widersprechen, sie von ihrem Irrtum zu befreien, von ihren Ideen über die kubanische Revolution, die immer falsch waren, da grob vereinfachend und naiv. Verärgert über die Dummheit, die schreckliche Verirrung so vieler Menschen, die ich zwar nicht in aller Strenge verurteilen will, die jedoch mit beunruhigender Blauäugigkeit die Grundideen des Mythos herunterbeten, ohne sie je zu hinterfragen.
Wieviel ich redete, eine halbe Stunde lang, bis ich am Ende beim Thema des Privateigentums landete und festen Grund unter den Füßen spürte: »Das«, sagte ich, »allein das! Man muß – und das ist das Wichtigste, nicht die Demokratie, nicht die Wahlen –, das Recht auf Privateigentum wiederherstellen. Nur diesen (dem Anschein nach) einfachen Schritt. Wichtiger, wissen Sie, als jeder raffiniert erdachte Stufenplan. Ein Punkt, ein Ansatz, der konsequent umgesetzt jedes Gutachten für ein Kuba nach Castro überflüssig machen würde, jeden Hilfs-, Beratungs- und Notfallplan. Der sich von allein entwickelt, mit der Unumgänglichkeit, mit der eine Kugel eine schiefe Ebene hinabrollt. Nichts weiter als das!« (Hier schwoll meine Stimme an, so daß das Gespräch am ganzen Tisch verstummte und alle aufmerksam meinen Worten lauschten.) »Ich weiß nicht, wie ich es erklären soll, denn in Mexiko zum Beispiel, dessen bin ich mir bewußt, wurde dieses Recht niemals verweigert, und dennoch: Millionen im Elend. Aber trotzdem, auf Kuba muß man genau da einsetzen: das Privateigentum wiederherstellen. Fragen Sie mich nicht, warum. Ich weiß es zwar, aber das führte jetzt zu weit. Es ist eher eine Intuition, für die ich keine hieb- und stichfeste Erklärung habe, sie nur vage umreißen könnte. Und doch liegt es für mich auf der Hand. All denen wird es ebenso ergehen, die

daran gewöhnt sind, sich mit dem Leben, mit der Wirklichkeit auseinanderzusetzen. Aber nicht dem, der mit einer Skizze in der Hand vor der laufenden Maschine steht und herausfinden will, welcher Atem sie vorantreibt ... Diese einzige Bedingung, das heißt, alle Tore öffnen, das Land in die Freiheit entlassen: damit beginnen.

Darüber wird jede andere Überlegung zur Nebensache, etwa der so verständliche Irrtum, sich heute auf die politischen Gefangenen zu konzentrieren. Denn es ist schon fast augenzwinkernde Schmeichelei, wenn man die Zahl der Gefangenen auf eine Ziffer mit einer oder zwei Nullen begrenzt, wo es in Wirklichkeit Millionen sind. Das ganze Land abgeriegelt wie ein Gefängnis, die Einkerkerung als Grundprinzip, ein Regime als Konzentrationslager ... In diesem Licht. Ein Gehege, das niemand nach Belieben verlassen kann: eine Zwangseinweisung. Der geographische Ort Kuba als Felsenfestung, die man nur durch gewaltige Opfer, durch Berechnungen und Strategien verlassen kann oder schlicht und einfach durch die Flucht. Wie aus jedem Gefängnis. Ist das nicht offensichtlich, einleuchtend?

Alles übrige wird sekundär, wenn man begreift, daß die Restauration der Demokratie, die Entschädigung der Konfiszierten, die Frage, wie schnell Wahlen abgehalten werden sollen, die Verabschiedung eines Zeitplans für den Übergang usw., daß all das, werte Abgeordnete!, von der Wiederherstellung des Privateigentums abhängt. Wie deutlich wird einem das jetzt! Weshalb bin ich nicht schon längst darauf gekommen, anstatt mich über die Relevanz der NGOs oder den kontraproduktiven Charakter des Embargos auszulassen?

Das Recht auf Privateigentum, unveräußerlich in der ganzen westlichen Welt. Der Staat darf nicht länger der ein-

zige Arbeitgeber sein, denn der Bürger (und ist man überhaupt Bürger ohne Besitztümer, die einem Halt geben, die dir erlauben, dich als etwas mehr als ein bewegliches Gut und einen Besitz des Staates zu fühlen?), der Bürger und sein Streben nach Besitz sind die Grundpfeiler der Restauration.
Begreifen muß man, daß der kollektive Besitz ein gewaltiger Irrtum ist, dem man mit aller Macht abschwören sollte. Statt dessen: Ein jeder Bürger soll »etwas« besitzen. Nicht wie jetzt, da er nichts besitzt: ein reiner Nutznießer. Er soll Eigentümer seiner Werkstatt, seiner »Produktionsmittel« sein, um es marxistisch auszudrücken, der Bauer seiner Ernte, ohne daß es dem Staat beliebt, auf diese plumpe Weise einzugreifen, wie er es heute tut, man soll, kurz gesagt, erlauben, daß wächst und gedeiht, was die »neue Klasse« bereits auf allen Ebenen begonnen hat: das grundlegende Spiel der Bereicherung.
Das (bürgerliche) Privateigentum als Eckstein unserer Wiedergeburt!«
Wie sie mir verblüfft zuhörten, in ihren Mienen keine Spur von Überzeugung. Und wie einer der Abgeordneten danach den Mund öffnete und an einen Augenblick vor meiner Rede anknüpfte, ohne daß irgend etwas von dem Gesagten auch nur den geringsten Eindruck bei ihm hinterlassen hätte. Wie sie dann mit beängstigender Naivität, wobei sie sich noch als Kritiker der kubanischen Revolution fühlten – endlich, nach all den Jahren bedingungsloser Unterstützung! –, in groben Zügen den Mythos wiederholten. Wie sie einwarfen, man dürfe die Auswirkungen des Embargos nicht vergessen, müsse den Schaden begreifen, den diese ökonomische Aggression angerichtet habe usw. usf. Diese *vorgefaßte* Meinung, diese unergründliche

Sympathie für die kubanische Revolution, stets nachsichtig gegenüber all ihren Fehlern, auch wenn angesichts der jüngsten Übergriffe Betroffenheit vorgetäuscht wurde, doch unbeirrt in ihrem Glauben, daß sie einen guten Kern besitzt. Von einer so entwaffnenden, weichlichen Naivität, daß mir sogar die harte Rhetorik Amerikas lieber ist, wo man es zumindest nie versäumt, die kubanische Revolution als problematisch, umstritten und schlecht zu kennzeichnen. Kein mutwilliger Streich von ein paar unschuldigen Jungs. Europas ärgerlicher Paternalismus, der zweifellos aus dem gleichen Stoff gemacht ist wie die amerikanische Bevormundung, wenn es sich dabei auch, wie soll ich sagen?, weniger aus dem Fenster hängt.
Unerschütterlich waren ihre blauen Augen auf mich gerichtet, als hätte ein Soldat die lange Reise von der Front unternommen, mit dem absurden Plan, durch seinen Bericht über den prekären Feldalltag ihre Herzen zu erweichen: der Morast, die Kälte, die Gefahr. Man würde dich anhören, ungeduldig vor dir auf und ab gehen, die Hände auf dem Rücken, schließlich zu dir treten, dir auf die Schulter klopfen und dich mit ernster Stimme trösten: »Ja, ich verstehe. Aber, wissen Sie, so ist nun mal der Krieg? Jemand muß in den Kampf ziehen, den Kopf hinhalten.« Nicht wie zu einem Gleichgestellten, sondern wie zu einem Soldaten. Und nach meinem Bericht, nach dem kurzen Gespräch im Generalstab – ein Gläschen Schnaps als Lohn für meinen Mut –, werde ich zurückgeschickt in die grausame Kälte der Gräben, ins Geschützfeuer.
Was hatten wir nicht alles gegessen und getrunken in jenem Restaurant, die besten Gerichte, die besten Getränke. Das soll keine Verurteilung sein, nur ein kleines Detail, das mir auffiel, zu meiner Linken der Parlamentarier, zu

meiner Rechten die kraushaarige Frau aus der beliebten Fernsehsendung. Was für Weine wir kosteten, einen unglaublichen eisgekühlten Riesling zum Stör in weißer Pilzsauce. Als Nachtisch Birnen in Wein. Die goldenen

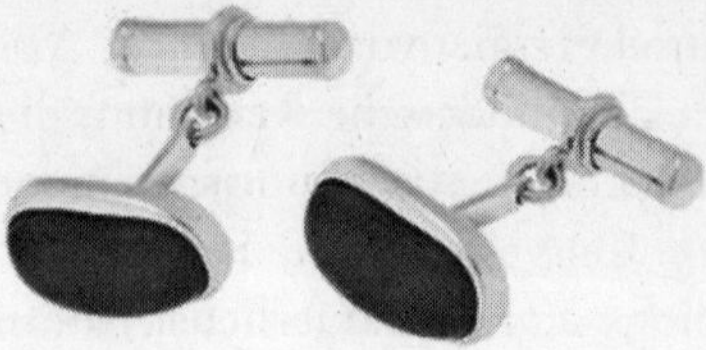

Manschettenknöpfe des Abgeordneten mir gegenüber. Auch dies nicht als Kritik gemeint: »dieses Besitzbürgertum«, beileibe nicht. Ich kaufte mir die gleichen, aus Gold, 22 Karat, die sich weich anfaßten. Ich hatte in vielen Geschäften danach gesucht, und als ich sie entdeckt hatte, sagte ich mir: Ja, wie die von dem eleganten Herrn, dem italienischen Parlamentarier.

Auch Akademiker hatten am Tisch gesessen und die Angelegenheit auf eine Art dargelegt, wie sie die Politiker so schätzen: mit einer Fülle von Fakten, einer Überfülle von Zitaten und einem Mangel an gesundem Menschenverstand. Ich traute meinen Ohren nicht, staunte, als ich sie hörte: diese Plumpheit! Mit wieviel Begeisterung sie sprachen, wie dumm sie ihre Erörterungen mit Fakten spickten und dabei kein Klischee vergaßen: die *vielversprechende* wirtschaftliche Öffnung, die vielsprachigen Prostituierten, eine Neuheit. Wie alle ihnen entzückt zuhörten, ihren dummen Erklärungen, von A bis Z unsinnig, bei denen sie sich auf dieselben Mythen stützten, die die kubanische Revolution selbst in Umlauf gebracht hatte. Und auch noch kritisch wollten sie sich zeigen, be-

sorgt – eine Neuheit – wegen der Dissidenten, diesem spät aufgetretenen Phänomen, wegen der jüngsten Toten, und vergaßen dabei die vielen zu Anfang Erschossenen, die niemand zu bedauern scheint.
So groß war meine Frustration, als ich fortging, daß ich vor Wut kochte und mir fest vornahm: kein Wort mehr, kein einziges über die kubanische Revolution. Nie, nie mehr würde ich mich zu diesem dummen, unnützen Versuch verleiten lassen, sie zu erklären, da ein Ding der Unmöglichkeit. Als ich zutiefst enttäuscht das Restaurant verließ, nickte ich mechanisch dem Türsteher zu, der mich fragte, ob er mir ein Taxi rufen solle, und wartete, den Blick starr auf die blaue Wand eines Nachbarhauses gerichtet. Wenn mich noch einmal jemand dabei erwischen sollte, daß ich dieses absurde Thema, die kubanische Revolution, auch nur antippe, daß ich versuche, sie zu erklären, dann darf er mir alle nur möglichen Namen an den Kopf werfen, angefangen, versteht sich, mit Schwachkopf. Niemals mehr würde ich das Thema der kubanischen Revolution anschneiden, niemand würde mich je wieder auf einem Taxirücksitz davon reden hören. Niemals.

Kurze persönliche Chronologie der kubanischen Revolution

1959

1. Januar. Sieg der kubanischen Revolution. Das Ereignis, das seinen Widerschein immer noch auf jeden einzelnen Tag meines Erwachsenenlebens wirft, wie der Schimmer eines Brandes jenseits des Horizonts.
(Als Kind hatte ich Mühe, mir das Leben meiner Eltern vor der Revolution auszumalen. Eine Welt, eine Existenz aus der Vorzeit, schwer vorstellbar. Ich fragte meine Eltern sogar, wie das möglich gewesen war, wie sie so ein schreckliches Leben hatten führen können, was sie dazu getrieben hatte. An einem Nachmittag, als meine Mutter dabei war, Buñuelos zu backen. Sie hielt beim Teigkneten inne, blickte aus dem Fenster und wußte keine Antwort. Vielleicht selbst überrascht, als meine Frage sie auf solch eine unmögliche Vorstellung stieß. Wie hatten sie nur geboren werden, aufwachsen, sich verlieben, leben können in jener Hölle?)

1961

5. August. Lidia, die Nachbarin. Eine alte Frau, die sich die Nachmittage mit Häkelarbeiten vor ihrer Haustür vertrieb. Ihr Mann hatte am Tag der Währungsreform den Verstand verloren. Jemand erzählte ihr damals, er stehe in einer Straße im Stadtzentrum und verteile Geld an die Passanten. Sie fand ihn dort im eleganten Anzug. Er hatte sich die Taschen mit den nun nutzlosen Scheinen vollgestopft und warf sie in die Luft. Von diesem Schlag erholte er sich nicht mehr. Er starb kurz darauf.

Die besten Nachbarn, die ich je hatte, ehemalige Großgrundbesitzer.

1962

22. Mai, der Tag meiner Geburt. Ich habe noch ein Foto, das mich im Garten des beschlagnahmten und uns zugeteilten Hauses zeigt, über das ich in diesem Buch spreche. Ich bin noch nicht ein Jahr alt und trage ein Kleidungsstück, das inzwischen ganz aus der Mode gekommen ist: ein Plusterhöschen, völlig unzeitgemäß. Ich stehe neben einer kanadischen Kiefer, die auf dem Foto noch jung ist. Jahre später ließ mein Vater sie in einem Anfall von Autoritätswahn und unter dem Protest der ganzen Familie fällen, aus Angst, sie könnte bei einem Wirbelsturm umfallen und das Dach beschädigen.

1964

16. April. Der Bürgerkrieg ist auf seinem Höhepunkt. Es gibt noch Fotos meiner Eltern, in Milizuniform an einem Ort namens Minas de Frío: Bergwerk der Kälte. Ein Name, der mich die ganze Kindheit über begleitete und in meiner Phantasie für die Revolution stand, für den Augenblick, da mein Vater sich begeistert den Alphabetisierungskampagnen anschloß und später dem »Kampf gegen die Banditen«, wie man den Bürgerkrieg nannte, der bald darauf ausbrach. Bis in meine späte Kindheit hinein sollte mein Vater bei jedem Stromausfall die Vorzüge einer chinesischen Petroleumlampe, einer

Petromax, rühmen, die ihnen damals in den Bergen Licht gespendet hatte.

1967

8. Oktober. Che Guevara stirbt im fernen Bolivien. Viele Jahre später sollte ich mit ein paar Freunden eine Musikgruppe gründen, traditionelle Musik aus den Anden (wegen der lateinamerikanischen Solidarität), der wir den unmöglichen Namen Ñancahuazú gaben, der Ort von Ches letztem Kampf. Vorher hatte Fidel Castro bereits Ches berühmten Abschiedsbrief an Kuba vorgelesen, den das halbe Land später auswendig lernen würde. In diesem Jahr wurde mein Vater auch, ich war noch sehr klein, zu einem Manöver auf Koralleninseln im Süden Kubas geschickt und kam mit einer präparierten Karettschildkröte zurück, die ich immer noch besitze (und diese Karettschildkröte steht für die Kuba-Krise von 1963 oder für jede andere Krise, ob 1968 oder 1969).

1968

1. September. Als ich in die Vorschule kam, konnte ich bereits den Text der Nationalhymmne auswendig, den mir an zwei Nachmittagen das junge Hausmädchen vom Land beigebracht hatte, das meiner Mutter ein wenig zur Hand gehen sollte. Ich weiß noch, daß es sich auffällig schminkte, und mir scheint, es müssen ihre letzten Tage als Hausangestellte gewesen sein. Bald sollte sich alles ändern, sie würde unser Haus verlassen und in einer Fabrik arbeiten.

Doch bevor sie ging, brachte sie mir die Hymmne bei, so daß ich sie eines Nachmittags meinen erstaunten Eltern vorsingen konnte. Dies ist auch das Jahr des russischen Einmarschs in die Tschechoslowakei, an den ich, wie man verstehen wird, keinerlei Erinnerung habe.

1969

20. Juli. Merkwürdig ist, daß ich auch keinerlei Erinnerung an Neil Armstrongs mythische Mondlandung habe. Zwei Jahre später geriet ich in der Pause sogar im Schulhof mit einem Jungen aneinander, da ich (in meiner Unwissenheit) heftig abstritt, daß die Nordamerikaner den Mond erreicht hatten. Das hielt ich, ich weiß es noch genau, einfach für unfaßbar. Seitdem habe ich immer wieder an diese Szene denken müssen, daran, wie sehr wir von der Welt abgeschnitten waren. Daß eine Nachricht von diesem Kaliber nicht die dicke Schicht der Propaganda hatte durchdringen können: wie weggezaubert.

1970

26. Juli. Das spektakulärste wirtschaftliche Fiasko der kubanischen Revolution, die berühmte Zuckerrohrernte der zehn Millionen, die eine Art »großer Sprung nach vorn« nach chinesischem Vorbild hatte sein sollen, ist in meiner Erinnerung mit der größten Inflation verknüpft, die Kuba wohl je erlebt hat, und mit einem hübschen japanischen Kopftuch aus blauer Seide, das meiner Mutter während einer Karnevalsnacht eine Hand vom Kopf riß, zu ihrer ge-

waltigen Bestürzung. Sie hatte es sich für eine Unsumme von dem Geld gekauft, das ohnehin durch die galoppierende Inflation an Wert verloren hatte, nur damit es ihr sogleich wieder entwendet wurde, auf diese tragikomische Weise und zu meinem großen Schrecken, weshalb ich dem Vorfall eine größere, unheilvollere Bedeutung beimaß, als ihm gebührte (und so führe ich es hier an, obwohl es, wie manch einer sagen wird, nichts zur Sache tut).

1971

22. August. Der Geburtstag meiner Mutter. Die ganze Kindheit über begleitete mich das Dröhnen (so habe ich es akustisch in Erinnerung) von »Información Política«, eines Nachrichtenmagazins im Radiosender der Regierung, knallharte Indoktrinierung. Die unaufhaltsamen Vorstöße des Vietcong südlich des 17. Breitengrads, die Übergriffe des Yankee-Imperialismus in Laos und Kambodscha. Tag für Tag. Während meine Mutter in der Küche das Mittagessen kocht. Aus unerfindlichem Grund erinnere ich mich in Zusammenhang mit diesen Radiosendungen an ein Experiment, das ich nachmittags bei uns im Hof mehmals wiederholt hatte, um zu überprüfen, ob es stimmte, daß eine feuchte Kröte, die man unter einem Stein hervorholt und mit Salz bestreut, sich aufbläht und mit einem Knall explodiert.

22. Mai. Ich werde zehn Jahre alt. Was war das Embargo für mich? Ich weiß es nicht. Vielleicht ein Druckbleistift, den ich meine ganze Kindheit über benutzte. Ich erinnere mich nicht mehr, wie er in meine Hände gelangt war, doch viele Tage, viele Monate lang nahm ich ihn im Schulranzen mit, nur um ihn entzückt zu untersuchen, voll Bewunderung, daß es solche Druckbleistifte gab, mit so feinen Minen. Bei dickeren Minen war es einfacher: Ab und an zersplitterte ich einen Bleistift mit dem Schuhabsatz, holte die Mine heraus und steckte sie in einen deutschen Drehbleistift. Aber der andere, so fein und mit einer Art Gondel, die an seinem Gehäuse auf und ab fuhr (dieses Detail faszinierte mich besonders), ließ mich nicht los. Und heute, nach all den Jahren, gilt meine Vorliebe noch immer dieser Art von Druckbleistift (mit dem ich auch dies Buch geschrieben habe), und jedesmal staune ich, staune aufrichtig, wenn ich unterwegs in einem Laden diese Minen kaufe, HB. Spielereien, Firlefanz, wird man mir sagen, aber was wäre das nicht?
25. November desselben Jahres. Zum ersten Mal bekomme ich eine Vorstellung von der (mächtigen) Präsenz der Russen auf Kuba, als ich eine Klavierprüfung in der kleinen Musikschule ablegen muß (Czerny, Bartók, Anna Magdalena Bach). Ein paar Wochen zuvor hatte ich die Halbjahresprüfung hinter mich gebracht, mit keinen guten Noten, und auf einmal kündigte man uns überraschend das Eintreffen einer »russischen Delegation« an, vor der alle Schüler, die gesamte Musikschule, erneut vorspielen mußten. Das Land quoll über von »ausländischen Experten« in allen Bereichen, vornehmlich Russen, ob in Industrie

oder Kultur. So zahlreich waren sie, daß es sogar jemanden gab, der einem unbedeutenden Musikschüler im dritten Jahr gewissenhaft die Klavierprüfung abnahm. In aller Ernsthaftigkeit gaben sie ihr Urteil ab: »Er ist besser für das Cello geeignet.« Und zu meiner unendlichen Überraschung fügten sie hinzu: »Er hat die Hände eines Cellisten.« Ein äußerst wertvoller Wink, dem ich, das versteht sich von selbst, nicht folgte.

1973

11. September. Militärputsch in Chile. Kuba hatte sich sehr für die sozialistische Revolution in Chile engagiert. Ich weiß noch, was meine Mutter gerade tat, als die Nachricht von Allendes Tod gesendet wurde: Sie wusch per Hand die Wäsche. Unsere Waschmaschine, eine alte amerikanische Whirlpool, war schon vor langer Zeit kaputtgegangen, und Ersatzteile waren nicht zu bekommen. Ich sehe noch vor mir, wie ich mit meinem Hund bei uns im Hof spiele und ihm beibringe, wie man einen Ball apportiert, den ich ein ums andere Mal für ihn werfe. Ich weiß auch noch den Namen, den man im Scherz einer neuen Art von Brot gegeben hatte, das seit kurzem aus einer »Backfabrik« kam (nicht aus einer Bäckerei, aus einer »Backfabrik«, etwas Gigantisches, ein Staatsbetrieb), denn weil es so hart und schlecht war, hatte man es folgendermaßen getauft: Pinochet.

1974

15. September. Im Alter von zwölf Jahren beginnt meine langjährige Erfahrung als Landarbeiter. Mehr als einmal habe ich den Mittag heraufbeschworen, an dem uns der Aufseher an einem langen Bewässerungskanal inmitten von wucherndem Gras und dem schrecklichen Summen der Mücken absetzte. Die ganze Zeit über hatte ich Angst, mir mit der Machete ein Bein abzuhauen, beäugte argwöhnisch, wie sie an den dicken Stengeln abprallte, wie schnell sie stumpf wurde. Als ich einmal aus einem Wassergraben steigen wollte, saugte der feuchte Lehm meinen Stiefel an, und er blieb im Boden stecken. Ich fühlte mich zutiefst unglücklich. Es sollte eine pädagogische Maßnahme sein, die den Schulunterricht mit körperlicher Arbeit verband, etwas Positives, wie man behauptete. Ich bin das Resultat dieses Experiments.

1975

5. November. Kubas militärisches Abenteuer in Afrika und die anfängliche Geheimniskrämerei, als man noch unauffällig bleiben wollte, spiegelt sich für mich in der Anekdote über meinen Vater wider, der nicht nur einwilligte, die eigene Familie über seinen wahren Aufenthaltsort anzulügen, sondern der auch schriftlich seine Nationalität aufgab, damit man ihn im Fall einer Gefangennahme nicht mit Kuba in Verbindung bringen konnte. Nicht in Afrika, nein, er würde, wie er uns sagte, an einem Lehrgang in Rußland teilnehmen. Aber nach dem dritten oder fünften Brief kam ich dahinter, wo er sich in Wirklichkeit befand,

denn die Tageszeit, zu der er sich seinen Worten nach fern von zu Hause (vorgeblich in Rußland) zum Schreiben hinsetzte und sie mit der in Kuba verglich, stimmte nicht mit der in Moskau überein. Immer wieder muß ich daran denken, an dieses außergewöhnliche Pflichtbewußtsein, das dazu noch eine James-Bond-Aura umgab. Seine eigene Familie anzulügen! Doch das Geheimnis der kubanischen Militärpräsenz in Afrika von diesem jungen dreizehnjährigen Genie gelöst, das ich damals war.

1979

19. Juli. Triumph der Revolution in Nicaragua. Im Festsaal der *Escuela Vocacional Lenin*, dem kubanischen Eton, von dem ich gesprochen habe, hing hinten an der Wand ein riesiger präparierter Schwertfisch (einer von denen, wie sie gewöhnlich die Umschläge von Büchern wie Hemingways *Der Alte und das Meer* schmücken). Unter diesem Schwertfisch spielte ich Klavier für Humberto Ortega, Nicaraguas Verteidigungsminister. Am Ende des Konzerts ging ich zu ihm und bat ihn auf denkbar naive Weise um ein Autogramm. Der Jubel des indoktrinierten Jugendlichen, der ich damals war, angesichts des unaufhaltsamen Erfolgs der Weltrevolution. Unterhaltungen mit meinen Freunden bis zum Morgengrauen über das Thema dieser besseren Zukunft für den ganzen Kontinent, die da nahte.

20. April. Beginn des Massenexodus nach Miami. Der indoktrinierte Jugendliche, der ich zu diesem Zeitpunkt immer noch bin, ist zutiefst schockiert, als er in der Regierungszeitung die Zahl der Flüchtenden liest, die jeden Morgen veröffentlicht wird. Ich kann es nicht glauben, bin überzeugt, daß da etwas nicht stimmt, falsch berechnet wurde. Aus diesen Tagen ist mir ein Bild in Erinnerung geblieben: Wie jemand mit Entschlossenheit einer wütenden Menge Einhalt gebieten kann, einer dieser Gruppen, den sogenannten »Mítines de Repudio«, die sich, angestachelt von der Regierung, im ganzen Land gebildet hatten, um vereint die Flüchtenden mit Schmähungen zu bedenken, womit sie bestimmte Praktiken der zaristischen Pogrome aufnahmen. Eine Frau – ungefähr Mitte Dreißig – wurde auf einem Gang in meiner Schule von einer Gruppe brüllender Jugendlicher verfolgt (ohne mich: bei so etwas habe ich niemals mitgemacht, andernfalls würde ich es zugeben, aber ich habe nie bei derlei mitgebrüllt, meine Reaktion, daran erinnere ich mich genau, war die vollkommener Bestürzung). Auf einmal sah ich, wie die Frau mit einer schrecklichen Seelenruhe stehenblieb und ausstieß (wie der Kapitän auf einem Schiff, der die meuternde Mannschaft in Schach hält): »Wer ihn auch nur anzufassen wagt ...« Sie warf einen harten Blick in die Runde, drehte sich um und ging weiter, an der Hand ihren Sohn (oder ihre Tochter, ich weiß nicht mehr). Das hat mich so tief beeindruckt, daß ich immer wieder daran denken muß. In den Tagen der Mariel-Krise verließen 100 000 Menschen Kuba, »stimmten mit den Füßen ab«, nach dem klugen Ausdruck von Wladimir Iljitsch Lenin, dem Führer der Weltrevolution.

1981

2. August. Etwas trat dank der kubanischen Revolution in mein Leben: Im Alter von 19 Jahren reiste ich in die tiefsten Tiefen des Sowjetterritoriums, nach Sibirien, wo ich Ende des Sommers eintraf, als die Blätter sich bereits rot färbten, bevor sie langsam flatternd zu Boden segelten. Fünf harte Winter verbrachte ich dort. Viele Jahre später rief ich mir bei einem vom PEN organisierten Vortrag in New York vor dem Publikum das eindrucksvollste Erlebnis meines ersten sibirischen Dezembers ins Gedächtnis: Wie ich auf dem Marktplatz der Stadt einen Eispalast vorfand. Wie ich auf das Wunderwerk zuging, mir einen Handschuh auszog, meine Hand auf das Eis legte und voller Freude einen Satz ausrief, den ich *Hundert Jahre Einsamkeit* entlehnt hatte: »Das ist der größte Diamant der Welt!«

1983

Ein Apriltag. Als ich eines Nachmittags in Rußland aus meinem Fenster schaute, entdeckte ich verblüfft, daß das Land nicht mehr an den Kommunismus glaubte. Ich sah, wie die Russen dort mit ihren Rassehunden spazierengingen und sich als Privatiers gebärdeten oder als Kleinbürger nach Feierabend. Dieser Anblick genügte, ich begriff, in welchem Maß die Revolution, ihre Ideale sich spurlos verflüchtigt hatten. Jahre später widmete ich ein ganzes Buch, meinen ersten Roman, der Erforschung dieses Themas.

1985

Vom 2. Juli bis 28. August. Während meiner Ferien auf Kuba besuche ich das kürzlich eröffnete Museum der Revolution. Zum erstenmal habe ich klar vor Augen, daß der Konflikt der kubanischen Revolution vor allem ein Generationskonflikt ist. Mein Entsetzen, als ich in dem Museum ein Paar uralte Jeans in einer Vitrine sehe, nach dem Elvis-Schnitt. Ebenda erkannte ich, daß die Generationsfrage Quelle und Hintergrund des kubanischen Problems ist. Wo ich doch nie im Leben, nicht mal tot und begraben, solche Jeans angezogen hätte! Veraltet und aus der Mode. Die kubanische Revolution und Fidel Castro sind zwei, drei Generationen alt. Als es die Beatles, das muß man sich vorstellen!, *noch* nicht gab! Ist das nicht furchtbar? Immer wieder erwähne ich das bei Vorträgen. Stellen Sie sich vor, sage ich: Älter als die Beatles! Ist das nicht absurd? Und das hatte ich in aller Deutlichkeit beim Anblick jener Jeans in einer Vitrine im Museum der Revolution begriffen.

1986

12. Mai. Es gelingt mir, die Ehe zu schließen, mich mit meiner langjährigen russischen Freundin zu verheiraten, trotz des Verbots eines Beamten vom kubanischen Konsulat. Mit erschreckender Kälte sagte er zu mir in einem kalten Moskauer Gebäude: »Ich glaube nicht, daß wir Ihnen die Erlaubnis dazu geben können.« Ich weiß noch, daß ich zwei Nächte lang nicht geschlafen hatte, daß ich in sichtlich erregtem Zustand in einem Moskauer Taxi saß und auf dem Rücksitz laut vor mich hin sprach und gegen eine

Regierung wetterte, die mir dank Perestroika und Glasnost immer verhaßter wurde. Schließlich nahm sich eine Angestellte des kubanischen Konsulats in Moskau unser an, sagte: »Ich lege den Antrag zu den Dokumenten, die ich heute dem Konsul zum Unterschreiben gebe.« Und so geschah es, wir hatten die Erlaubnis am nächsten Morgen, Liena (meine Freundin und zukünftige Ehefrau) und ich, dank der Perestroika, der Öffnung, durch die sich jene Beamtin des kubanischen Konsulats diesen kleinen Akt der Freiheit oder des zivilen Ungehorsams erlauben konnte.

1987

7. November. Gescheiterter Versuch, mich für den Kampf in Afrika zu rekrutieren, wie ich in diesem Buch erzähle (siehe Seite 119). Als Revolutionär bereits nicht mehr zu gebrauchen …

1988

27. Oktober. In einem Frachter der Baltikflotte kehre ich wieder nach Rußland zurück. Eine beeindruckende Reise. Zwei Wochen auf hoher See. Als wir auf unserer Fahrt den Hamburger Hafen anlaufen, kann ich einen ersten Blick auf den Westen werfen.

1989

12. Juni. Verhaftung des Generals Arnaldo Ochoa. Ich weiß noch, wo mich die überraschende Nachricht erreichte: ausgerechnet in Sibirien. Nach meiner Rückkehr aus Kuba lebten wir eine Zeit im Haus meiner Schwiegereltern in Sibirien, wo ich als Elektronikingenieur arbeitete. Ich fuhr in einem Jeep quer durch die Steppe, um Störungen in kleinen Telefonanlagen in abgelegenen Dörfern zu reparieren. Ich erinnere mich noch, wie mir Michail, der Operator, von der Höhe eines Baggers aus die Nachricht von General Ochoas Tod zurief. Er beugte den ganzen Oberkörper aus dem Führerhäuschen und schrie mir so etwas zu wie: »Jetzt hat's in deinem Land das Jahr 37 geschlagen.« Oder: »Jetzt haben sie dort angefangen, sich gegenseitig umzubringen.« Ich verstand kein Wort, bis ich am Abend die Nachricht in der Zeitung las. Als Kind hatte ich Ochoa sogar kennengelernt. Über Evelina? Evelina war, glaube ich, der Name seiner Mutter, einer Frau aus der Sierra Maestra, woher die Ochoas stammten, und als sie einmal krank wurde, hatte sie mein Vater, der Militärchirurg war, behandelt. Sie lebte wie wir in einem riesigen, eleganten Chalet, das die geflohene Bourgeosie zurückgelassen hatte. In einem Zimmer hielt sie sich Bienen, hatte den ganzen Raum in einen gewaltigen Bienenstock verwandelt. Das erstaunte mich sehr, das Summen der Bienen im Raum. Davon erzählte ich meiner Frau, als ich nach Hause kam, nachdem mir Michail Petrowitsch gesagt hatte, in meinem Land würde man sich jetzt gegenseitig umbringen. Ausgerechnet dieser General, der Sohn jener Herrin der Bienen.

1990

27. Januar. Erste Reise nach Westberlin. Ich könnte jetzt erzählen, könnte lügen, ich hätte mir das grandiose Schauspiel des Mauerfalls ansehen wollen, aber in Wirklichkeit reiste ich mit einer Sammlung sowjetischer Briefmarken aus den dreißiger Jahren, die ich am Ende nicht einmal an den Mann bringen konnte. Am mythischen Checkpoint Charlie wurden ich und mein Freund Yuri Martínez eines Nachts von einem DDR-Offizier aufgehalten, in einer dieser blaugrünen Uniformen, wie sie im Film *Das Leben der anderen* zur Schau gestellt werden. Er ließ uns nicht wieder nach Westberlin einreisen, weil er uns für potentielle Flüchtlinge hielt. Nichts würde uns ferner liegen, versuchte ich zu erklären, *ich käme jeden Tag zum Essen zurück*. Das heißt, wir wohnten in Westberlin bei einem Freund, fuhren aber täglich zum Essen nach Ostberlin, weil es dort billiger war. Er wollte uns nicht glauben. So fragten wir uns um halb zwölf Uhr nachts und inmitten der verstörenden Stille des Schneefalls, der auf einmal einsetzte, wo wir die Nacht verbringen sollten.

1992

23. März. Jahrelang hatte ich einen wiederkehrenden Traum. Darin lebte ich auf Kuba mit dem Mädchen zusammen, in das ich als Halbwüchsiger verliebt gewesen war. In diesem Jahr beschloß ich, sie bei einem Aufenthalt in Havanna zu suchen, sie im Wachen zu fragen, was aus ihr geworden sei, wie ihr Leben aussehe. Denn ich hatte mir immer wieder die Frage gestellt: Wie sähe mein Leben

aus, wenn ich in Havanna geblieben wäre? Ein Land, eine Stadt, wo die Mädchen leben, in die ich mit sechzehn verliebt gewesen war. Als erwachsene Frauen leben sie jetzt ein Leben, das ich mir schwer vorstellen kann, mit ihren Kindern und den täglichen Sorgen ... Doch ich fand sie nicht mehr in Havanna. Fast keiner der Freunde aus meiner Jugend lebt mehr dort: Alle sind sie fortgegangen.

1994

Ein Julitag. Das fehlende Glück bei meiner Beteiligung an der ersten Finanzpyramide Rußlands – ein Schwindel, der all denen Millionen eingebracht hatte, die beizeiten ihre Aktien hatten abstoßen, sie zu Geld machen können, bevor der ganze Bau in sich zusammenbrach – machte meinen Plan zunichte, mich in einen Millionär der ersten Stunde zu verwandeln, und ließ mich überstürzt mit der ganzen Familie nach Mexiko fliehen. Dieser Vorfall – der »Direktor« jenes Finanzplans wurde verhaftet, wie ich bangend im Fernsehen verfolgte – vertiefte meine Kenntnisse darüber, wie entsetzlich ungerecht Revolutionen zu Ende gehen.

13. August desselben Jahres. Auf meinem Weg nach Mexiko mache ich auf Kuba halt. Bei einem Freund sehe ich vom Fenster aus einen seltsamen Menschenauflauf am Strand. Die Krise der *Balseros* hat begonnen, und doch will es die private Logik, nach der man historische Ereignisse erlebt, daß ich rein gar nichts tue, um festzustellen, was da draußen vor sich geht. Später habe ich mir das zum Vorwurf gemacht, aber am Nachmittag damals hatte ich einen anderen Freund zu besuchen, andere Dinge zu tun.

Nachher stellte sich heraus, daß besagter Freund ebenfalls auf dem Sprung war, wie die Tausenden, die sich während dieser Tage aufs Meer hinauswagten, doch hatte er sich eine einfallsreichere Methode ausgedacht. Er hatte sich, wie er mir erklärte, eine lange Liste von Freunden und Bekannten zusammengestellt, die er besuchte und jeden um einen Dollar bat, einen einzigen Dollar, für sein Flugticket. Ich erinnere mich noch gut daran, denn an dem Abend, an dem er es mir erklärte und ich ihm den Dollar gab, mußte ich mich auf dem Nachhauseweg durch eine aufgewühlte, erregt schreiende Menge kämpfen. (Um auf jenen *historischen Winter* in Berlin zurückzukommen, auf das Jahr, in dem die Mauer fiel, muß ich gestehen, daß ich keinen Mauerstein mitgenommen habe, kein Bröckchen dieses mythischen Walls. Jemand hatte mir einen Hammer gereicht. In der Abendkälte versuchte ich es mit zwei Schlägen, die federnd abprallten, ohne eine sichtbare Spur im Beton zu hinterlassen. Und so ließ ich es bleiben, wollte nicht weiter beharren.)

1995

Ein Januartag. Mexiko nahm in meiner Vorstellung den Raum des Landes ein, das Kuba vor 59 gewesen war, und so sagte ich mir, als ich eintraf: So muß mein Land vor der Revolution ausgesehen haben. Auch wenn das falsch war, versteht sich. All die Werbeplakate auf spanisch in den Straßen, auf den Dächern, überall. Und die tiefe Armut, die alles durchdrang, in allem zum Vorschein kam.

1996

22\. April. In einem kubanischen Verlag erscheint mein Erzählungsband *Nie zuvor hast du die Farbe Rot gesehen.* Obwohl ich ein kubanischer Autor bin, spielen meine Bücher, die Romane, die ich geschrieben habe, nicht auf Kuba, kein einziger von ihnen. Ein Paradoxon, eine Ironie des Schicksals, da uns eine nationalistische Revolution, deren Hauptziel es war, das Kubanische hervorzukehren, über die ganze Welt verstreut hat. Und am Ende haben sich viele von uns – wie auch ich, dessen Bücher bisher nichts mit der Insel zu tun hatten – fremde Landschaften einverleibt, Länder, in denen es schneit.

1999

29\. März und 5. April. Die Osterwoche in Acapulco, als ich eines Nachmittags in ein Taxi stieg und mir der Taxifahrer erzählte, er wolle seinen Sohn nach Kuba schicken. Ich wagte nicht, ihm aufrichtig meine Meinung zu sagen, wollte ihm nicht die Illusion nehmen. Für eine Sekunde spielte ich mit dem Gedanken – das Meer unten am Fuß eines Hügels, die Motorboote, die die Bucht durchpflügten – und verwarf ihn wieder. Er hatte meinen Akzent bemerkt, ihn einem Ort in der Karibik zugeordnet und mir die unumgängliche Frage gestellt, und gleich darauf: Kubaner!, sein Sohn werde in Kuba studieren. Wie es denn dort sei.

Ich brachte es nicht über mich, ihm zu sagen, was ich so vielen Taxifahrern in aller Welt gesagt hatte. Und erwiderte, ohne zu lügen: schön. Die Schulen bekanntlich hervorragend, die ärztliche Versorgung umsonst und was er noch alles hören wollte. Was anderes hätte ich ihm sagen können? Mein Kopf so heiter wie ein wolkenloser Himmel, nicht aufgelegt zu einem Streit, ein Waffenstillstand in meinem Privatkrieg mit den Taxifahrern.

2000

9. bis 15. Februar: Ich reise nach Kuba. Mein Freund erzählt mir, wie in diesem Buch berichtet (siehe Seite 125), die – vollkommen wahre! – Geschichte, wie er ein Floß gebaut hat, das größer war als jede Tür im Haus, und man es auseinandernehmen mußte, um es draußen wieder zusammenzubauen. Während all meiner Jahre im Ausland habe ich keinen einzigen getroffen, der die Überfahrt bewältigt hätte. So viele sterben dabei!

2002

22. Mai. Als ich an meinem Geburtstag ein Fotoalbum anschaue, stelle ich mir die folgende Frage: Was ergäbe eine ikonographische Untersuchung der kubanischen Revolution? Hat die kubanische Revolution eine eigene Bilderwelt geschaffen, einen einzigartigen Stil wie zum Beispiel das sowjetische Rußland oder das kommunistische China? Ich glaube schon. Man muß bedenken, daß die kubanische Revolution von Anfang an als eine gewaltige visuelle Performance angelegt war. Modern darin, denn Fidel Castros politischer Stil wurde mit Hilfe des Fernsehens und der Waffen des Marketings geprägt.

30. November. Während der »Kubanischen Tage« auf der Buchmesse in Guadalajara, Mexiko, werde ich Opfer einer absurden Attacke. Ich las vor Publikum einen Text, der die Mitglieder der kubanischen Delegation, die zur Buchmesse beordert worden war, zutiefst verdroß, und sie schrien uns allen auf dem Podium unentwegt Beleidigungen zu. Am nächsten Tag verbreitete die spanische Zeitung *El País* die Nachricht von den schrecklichen Anwürfen und fügte eine nettes Detail hinzu: daß mir jemand das hübsche Jakkett zum Vorwurf gemacht hatte, das ich an diesem Tag trug (nicht von Armani, wie sich meine Freunde später lustig machten, allerdings vorzüglich geschnitten) und das die kubanischen Kommissare aus unerfindlichem Grund zutiefst ärgerte. Trotz dieses unangenehmen Vorfalls (und vieler anderer) bin ich nicht zu einem Feind des Systems geworden, bis heute nicht. Und doch überkam mich an jenem Tag die Lust, denjenigen, die mich da beschimpften, so grob wie nur irgend möglich über den Mund zu fahren.

2004

14. Oktober. Ich befinde mich in New York, mit einem Stipendium der New York Public Library. Vom Fenster meines Arbeitszimmers in der Fifth Avenue, Ecke 42., sehe ich tagtäglich um sechs Uhr abends dicht an dicht die Yellow Cabs. Ich entwerfe und beginne *Die kubanische Revolution und wie erkläre ich sie meinem Taxifahrer.*

2005

5. Mai bis 15. August. Den Frühling und Sommer über schreibe ich dieses Buch. Eine Geschichte der kubanischen Revolution, die alle wesentlichen Punkte kurz anschneidet und nicht mehr Zeit in Anspruch nehmen soll als die dreißig Minuten Fahrt vom Flughafen ins Stadtzentrum. Und füge diese persönliche Chronologie bei, deren Daten nach der Wirkung ausgewählt worden sind, die sie auf mein Leben hatte, allein dies mein Kriterium.

2009

1. Januar 2009. Die kubanische Revolution wird fünfzig Jahre alt. Ich, so Gott will, im selben Jahr siebenundvierzig.

Inhalt